DaF-Palette 2

Verb + Präpositionalobjekt

B2 – C2

Christina Antoniadou

Hueber

3. Auflage 2025

www.karabatos.gr
Verlagsredaktion: Manuela Georgiakaki, Athen
Illustrationen: Elina Steletari, Thessaloniki
Grafiken: Globus Infografik GmbH
Umschlaggestaltung: Christina Aliverti, Athen
Layout und Herstellung: Oliver Riedel, Athen

Printed in Greece
ISBN 978-960-7507-23-5 | dt. ISBN 978-3-19-221684-8

Inhaltsverzeichnis

Tipps zum Training mit diesem Buch

In diesem Buch finden Sie Antwort auf alle Fragen, die Sie vielleicht zur Bedeutung oder zum Gebrauch der Verben mit Präpositionalobjekt haben.

Das Buch besteht aus fünf Teilen. Im 1. Teil (S. 7) finden Sie eine alphabetische Liste der Verben. Zu dieser Liste gibt es eine Reihe von Übungen. Diese sind auch alphabetisch geordnet und beziehen sich immer nur auf einen bestimmten Teil der alphabetischen Liste. Schauen Sie sich zuerst an, auf welchen Teil der Liste sich die Übungen beziehen, schreiben Sie neben jedes Verb die Bedeutung in Ihrer Muttersprache, lernen Sie diesen Teil und machen Sie dann die Übungen dazu.

Da sich eine so große Menge von Verben nicht leicht beim ersten Durchgang lernen lässt, haben Sie im 2. Teil des Buches noch einmal die Gelegenheit, die Verben zu lernen. Dazu gibt es auf S. 47 wieder eine Liste, in der die Verben in Gruppen geordnet sind, diesmal nach Präposition. Auch zu dieser Liste bietet das Buch Übungen. Schauen Sie sich auch hier zuerst an, auf welche Teile der Liste sich die jeweilige Übung bezieht, lernen Sie diese Teile und machen Sie dann die Übung.

Der 3. Teil des Buches enthält gemischte Übungen zur Wiederholung. Wir empfehlen, dass Sie alle drei Teile der Reihe nach durcharbeiten, ohne Übungen auszulassen.

Im 4. Teil des Buches finden Sie ausführliche Erklärungen zu Verben, die leicht miteinander verwechselt werden, weil sie eine ähnliche Bedeutung haben (z.B. staunen, sich wundern). Hier brauchen Sie nicht der Reihe nach vorzugehen. Sie können, immer wenn Sie mit einem bestimmten Verb Schwierigkeiten haben, im Inhaltsverzeichnis nachschlagen, auf welcher Seite es dazu eine Erklärung gibt. Lesen Sie sich die Erklärung sowie die Beispielsätze genau durch und machen Sie danach die dazugehörigen Übungen.

Wenn Sie schon einige Sicherheit im Umgang mit den Verben mit Präpositionalobjekt erlangt haben, können Sie die Übungen im 5. Teil des Buches machen. Hier gibt es gemischte Wiederholungsübungen auf schon recht hohem sprachlichen Niveau.

Vergleichen Sie Ihre Lösungen immer mit dem Lösungsschlüssel auf den letzten Buchseiten. Wenn Sie bei einem Verb einen Fehler gemacht haben, sollten Sie immer in der alphabetischen Liste auf S. 7 nachschlagen und die Übersetzung dazu noch einmal durchlesen. Wir empfehlen Ihnen, die Lösungen immer mit Bleistift einzutragen. So haben Sie die Möglichkeit, die Lösungen wieder auszuradieren und nach einiger Zeit die Übungen noch einmal zu machen.

In diesem Buch kommen folgende Abkürzungen vor:

N	→	Nominativ	jds.	→	jemandes
D	→	Dativ	jdm.	→	jemandem
A	→	Akkusativ	jdn.	→	jemanden
jd.	→	jemand	etw.	→	etwas

1 Alphabetische Liste der Verben mit Präpositionalobjekt & Übungen

A sich abfinden mit D

abhängen von D

ablenken von D

abnehmen um A

abraten von D

abschreiben von D

abstammen von D

achten auf A

ändern an D

sich ändern an D

anfangen mit D

sich anfreunden mit D

sich ängstigen vor D

es kommt an auf A

anmelden bei D

sich anmelden bei D

anmelden zu D

sich anmelden zu D

anpassen an A

sich anpassen an A

anrufen bei D

ansehen als A*

antworten auf A

arbeiten als N*

arbeiten an D

arbeiten bei D

arbeiten für A

arbeiten mit D

* als – Es handelt sich eigentlich um eine Konjunktion, die meistens in Vergleichen verwendet wird. Manchmal aber ist „als“ wie eine Präposition mit bestimmten Verben fest verbunden (z.B. Diese Straße gilt als gefährlich.) Daher wurden in diesem Buch einige Verben mit „als“ aufgenommen.

sich ärgern über A

auffallen durch A

auffordern zu D

aufhören mit D

aufklären über A

aufpassen auf A

sich aufregen über A

sich auseinandersetzen mit D

ausgeben für A

ausgehen von D

auskommen mit D

sich ausruhen von D

ausschließen aus D

aussehen nach D

äußern über A

sich äußern über A

äußern zu D

sich äußern zu D

aussteigen aus D

sich auswirken auf A

ausziehen aus D

B

basieren auf D

sich bedanken bei D

sich bedanken für A

sich befassen mit D

befreien von D

sich befreien von D

begeistern für A

sich begeistern für A

beginnen mit D

beitragen zu D

bekannt machen mit D

sich beklagen bei D

sich beklagen über A

sich bemühen um A

beneiden um A

benötigen für A

benötigen zu D

benutzen als A*

benutzen bei D

benutzen für A

benutzen zu D

berichten über A

berichten von D

beruhen auf D

beschäftigen mit D

sich beschäftigen mit D

beschränken auf A

sich beschränken auf A

beschützen vor D

sich beschweren bei D

sich beschweren über A

bestehen auf D

bestehen aus D

bestrafen für A

beteiligen an D

sich beteiligen an D

sich bewerben als N*

sich bewerben bei D

sich bewerben um A

bezahlen für A

bezeichnen als A*

beziehen auf A

sich beziehen auf A

bitten um A

brauchen für A

brauchen zu D

D

danken für A
demonstrieren für A
demonstrieren gegen A
denken an A
denken über A
dienen als N*
dienen zu D
diskutieren mit D
diskutieren über A
sich distanzieren von D
sich drehen um A
drohen mit D
duften nach D

E

sich eignen für A
sich eignen zu D
eingehen auf A
eingreifen in A
sich einigen mit D
einladen zu D
sich einmischen in A
sich einsetzen bei D
sich einsetzen für A
einsteigen in A
eintreten für A
eintreten in A
einziehen in A
empfinden als A*
enden mit D
sich engagieren für A
entfernen von D
sich entfernen von D
sich entscheiden für A
sich entscheiden gegen A

sich entschließen zu D

entschuldigen bei D

sich entschuldigen bei D

entschuldigen für A

sich entschuldigen für A

entstehen aus D

entwickeln zu D

sich entwickeln zu D

erfahren über A

erfahren von D

sich ergeben aus D

erhöhen auf A

sich erhöhen auf A

erhöhen um A

sich erhöhen um A

sich erholen von D

erinnern an A

sich erinnern an A

erkennen an D

erkranken an D

sich erkundigen bei D

sich erkundigen nach D

ernähren von D

sich ernähren von D

(sich) erschrecken über A

(sich) erschrecken vor D

ersetzen durch A

erwarten von D

erzählen über A

erzählen von D

erziehen zu D

F

es fehlt an D

fliehen vor D

flüchten vor D

folgen aus D

fordern von D

forschen nach D

fortfahren mit D

fragen nach D

sich freuen an D

sich freuen auf A

sich freuen über A

führen zu D

sich fürchten vor D

G

garantieren für A

es geht um A

gehören zu D

gelangen zu D

gelten als N*

geraten in A

gewinnen an D

gewöhnen an A

sich gewöhnen an A

glauben an A

gratulieren zu D

greifen nach D

grenzen an A

grüßen von D

H

sich halten an A

halten für A

sich halten für A

halten von D

handeln mit D

handeln von D

es handelt sich um A

helfen bei D
herrschen über A
hindern an D
hinweisen auf A
hoffen auf A
hören auf A
hören über A
hören von D

I identifizieren mit D
sich identifizieren mit D
sich informieren bei D
informieren über A
sich informieren über A
interessieren für A
sich interessieren für A

K kämpfen für A
kämpfen gegen A
kämpfen mit D
kämpfen um A
klagen über A
kommen von D
kommen zu D
konfrontieren mit D
konkurrieren mit D
konzentrieren auf A
sich konzentrieren auf A
sich kümmern um A

L lachen über A
leben von D
leiden an D
leiden unter D

liegen an D

M

machen zu D

es mangelt an D

meinen mit D

meinen zu D

melden bei D

sich melden bei D

melden zu D

sich melden zu D

mitmachen bei D

N

nachdenken über A

neigen zu D

O

ordnen nach D

sich orientieren an D

P

passen zu D

protestieren gegen A

R

sich rächen an D

sich rächen für A

raten zu D

reagieren auf A

rechnen mit D

reden mit D

reden über A

reden von D

referieren über A

retten vor D

sich retten vor D

sich richten nach D

richten gegen A

sich richten gegen A
riechen nach D
rufen nach D

S

sagen über A
sagen von D
sagen zu D
sich schämen vor D
scheitern an D
schenken zu D
schicken an A
schimpfen mit D
schimpfen über A
schlagen mit D
sich schlagen mit D
sich schlagen um A
schließen aus D
schlussfolgern aus D
schmecken nach D
schreiben an A
schreiben über A
schreiben von D
schützen vor D
sich schützen vor D
schweigen über A
sehen auf A
sich sehnen nach D
sein für A
sein gegen A
senden an A
senken auf A
senken um A
siegen über A
sinken auf A

sinken um A
sorgen für A
sich sorgen um A
sparen für A
sich spezialisieren auf A
spielen gegen A
spielen mit D
spielen um A
sprechen für A
sprechen gegen A
sprechen mit D
sprechen über A
sprechen von D
stammen aus D
staunen über A
steigen auf A
steigen um A
sich steigern auf A
sich steigern um A
sterben an D
stimmen für A
stimmen gegen A
stinken nach D
streben nach D
streiken für A
streiken gegen A
(sich) streiten mit D
(sich) streiten über A
(sich) streiten um A
suchen nach D

T

tauschen gegen A
tauschen mit D
teilen in A

teilnehmen an D
telefonieren mit D
trauern um A
träumen von D
sich treffen mit D
trennen von D
sich trennen von D
tun für A
tun gegen A

U

überraschen bei D
überraschen mit D
übereinstimmen mit D
überreden zu D
übersetzen aus D
übersetzen in A
überzeugen von D
umgehen mit D
unterhalten mit D
sich unterhalten mit D
sich unterhalten über A
unternehmen gegen A
unterrichten in D
unterrichten über A
sich unterrichten über A
sich unterscheiden durch A
unterscheiden von D
sich unterscheiden von D
unterscheiden zwischen D
urteilen nach D
urteilen über A

V

(sich) verabreden mit D
sich verabreden zu D

sich verabschieden von D
veranlassen zu D
verbinden mit D
verdienen an D
vereinbaren mit D
verfügen über A
vergleichen mit D
verhandeln mit D
verhandeln über A
sich verlassen auf A
sich verlieben in A
verlieren an A
sich verloben mit D
vermieten an A
versorgen mit D
verstecken vor D
sich verstecken vor D
sich verstehen auf A
sich verstehen mit D
verstehen unter D
verstehen von D
verstoßen gegen A
verteidigen gegen A
sich verteidigen gegen A
verteilen an A
vertrauen auf A
verurteilen zu D
verwechseln mit D
verwenden als A*
verwenden für A
verwenden zu D
verzichten auf A
vorbereiten auf A
sich vorbereiten auf A

vorbereiten für A

sich vorbereiten für A

W

wählen zu D

warnen vor D

warten auf A

sich wehren gegen A

weinen über A

weinen um A

weitermachen mit D

sich wenden an A

werben für A

werben um A

werden aus D

werden zu D

wirken auf A

wissen über A

wissen von D

sich wundern über A

Z

zahlen für A

zählen auf A

zählen zu D

zunehmen um A

zusammenhängen mit D

sich zusammensetzen aus D

zusammenstoßen mit D

zweifeln an D

zwingen zu D

sich zwingen zu D

Verben mit „A“

1 **Welche Präpositionen passen zu dem Verb? Malen Sie die richtigen Perlen an.**

2 **Ergänzen Sie die Präposition oder das Pronominaladverb sowie den Artikel und – wo nötig – die Adjektivendung.**

a) anmelden

Frau Silva möchte, dass ihre Tochter Deutsch lernt und meldet sie ________ ________ Sprachschule ________ ________ Intensivkurs an.

b) arbeiten

- ● Sag mal, ich habe gehört, du hast eine neue Stelle?
- ■ Ja, ich arbeite seit zwei Wochen ________ „LEVA“, und zwar ________ frei___ Mitarbeiter. Zusammen ________ viel___ ander___ Kolleginnen und Kollegen arbeite ich ________ ein___ neu___ Projekt, das der Firma „LEVA“ vom Ministerium für Forschung und Technologie in Auftrag gegeben[1] wurde.
- ● Das heißt also, dass du nicht direkt ________ ________ Firma arbeitest, nicht wahr?
- ■ So ist es, denn das Projekt wird vom Staat finanziert und „LEVA“ hat nur die Durchführung übernommen.

[1] in Auftrag geben : bestellen

c) sich äußern

Während der Schulkonferenz wurde über die bevorstehende Klassenfahrt[1] diskutiert. Herr Bambineck äußerte sich abfällig[2] __________ __________ Organisation, die von zwei Kollegen übernommen worden war. Die kritisierten Kollegen reagierten zwar verärgert, wollten sich jedoch nicht __________ äußern und sagten nur, dass Herr Bambineck gern selbst die Organisation in die Hand nehmen könne.

[1] bevorstehende Klassenfahrt : bald stattfindende Klassenfahrt
[2] abfällig : negativ

3 Ergänzen Sie die Präpositionen oder Pronominaladverbien.

Piercing

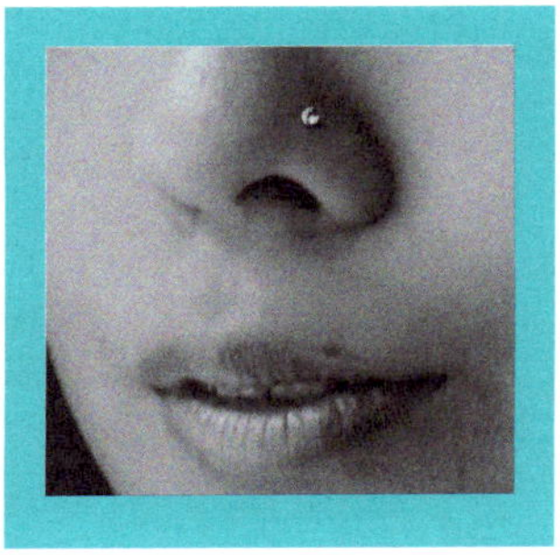

- ● Sag mal, Anna, was hast du denn da im Gesicht?
- ■ Was denn?
- ● Na, da ist doch was an deiner Nase!
- ■ Ach, das meinst du. Ich habe mich gestern piercen lassen.
- ● Was hast du gemacht? Du bist wohl verrückt!
- ■ Komm, Papa, jetzt reg dich doch nicht __________ Dinge auf, die ganz normal sind.
- ● Normal? Du findest es normal, mit 16 einen Stein in der Nase zu haben? Wenn du jetzt schon __________ so einem Blödsinn anfängst, was wird dann später, wenn du mal 18 bist?
- ■ Aber Papa, die meisten sehen das __________ ganz natürlich an. Ich weiß gar nicht, warum du dich jetzt so __________ ärgerst!
- ● Na, weil du __________ alles Mögliche auffallen willst, natürlich. Ich möchte nicht wissen, auf was für Schnapsideen[1] du noch kommst.
- ■ Es kommt __________ an, was du mit Schnapsideen meinst! In unserem Alter sind Tatoos und Piercing nämlich ganz normal und keiner denkt so wie du!
- ● Ich hätte dich eigentlich für vernünftiger gehalten! Du hast ja noch nicht einmal vorher gefragt, Anna!
- ■ Was hätte ich denn da fragen sollen? Du hättest mir doch sowieso __________ abgeraten, oder? Wahrscheinlich hättest du mir noch nicht einmal __________ meine Frage geantwortet. Also, wozu die Umstände?
- ● Jetzt werde nicht auch noch frech, Anna! Dieses Ding lässt du dir wieder wegmachen, ist das klar? Und hör endlich __________ dieser dummen Kauerei[2] auf. Du gehst mir mit dem Kaugummi auf die Nerven.
- ■ Papa, das ist wieder typisch, wie du dich __________ mir auseinandersetzt!
- ● Mir reicht, was ich sehe! Und kannst du mir vielleicht sagen, was du __________ diesen Blödsinn ausgegeben hast?
- ■ Mensch, Papa, als ob das so wichtig wäre! Ich finde es gut und außerdem machen es fast alle! Schau dich doch mal um, wie viele junge Leute gepierct sind! Kannst du dich nicht __________ abfinden?
- ● Lenk nicht __________ dem Thema ab. Was hat das gekostet?
- ■ Papa, ich hab's von meinem Taschengeld bezahlt.

● Und wer gibt dir das Taschengeld? Doch wohl ich, oder? Du sagst doch immer, dass du ______ dem Geld nicht auskommst, und jetzt bezahlst du so etwas davon. Also scheint es ja doch zu reichen!

■ Ich werde doch ______ meinem Taschengeld anfangen können, was ich will.

● Nicht solange du bei mir wohnst.

■ Dann ziehe ich eben ______ dieser Wohnung aus und nehme mir irgendwo ein Zimmer.

● Soll das eine Drohung sein?

■ Nein, ganz und gar nicht! Ich ziehe dann eben mit Finn zusammen.

● Finn? Wer ist das denn schon wieder?

■ Bei ihm habe ich mich piercen lassen, wenn du es genau wissen willst!

[1] die Schnapsidee, -n : dumme Idee
[2] die Kauerei : Bewegung, die man beim Essen macht

Verben mit „B"

4 **Welche Präpositionen passen zu dem Verb? Malen Sie die richtigen Fenster an.**

5 Ergänzen Sie die Präposition sowie den Artikel und – wo nötig – die Endung.

a) sich bedanken

Ich möchte mich ______ Ihnen recht herzlich ______ Ihr___ Aufmerksamkeit bedanken und hoffe, Sie bei einer unserer nächsten Veranstaltungen wieder begrüßen zu dürfen.

b) sich beklagen

Statt dich ständig ______ mir ______ stark___ Kopfschmerzen zu beklagen, solltest du vielleicht besser zum Arzt gehen.

c) benutzen

Es klingelt an der Haustür

● Guten Tag, Frau Saubermann. Ich möchte Ihnen unsere neue Reihe „Wischi-Waschi" vorstellen. Was haben Sie denn bis jetzt ______ Ihr___ Buntwäsche benutzt?

■ Wissen Sie, ______ ______ Waschgang bis 60 Grad benutze ich das Waschmittel „Wash & Clean". Und ______ Weichspüler[1] benutze ich dann Essig, das ist umweltschonender als die normalen Weichspüler im Handel.

● Probieren Sie doch einmal unsere Reihe „Wischi-Waschi" aus: kein Vergleich zu anderen Waschmitteln. Ich lasse Ihnen eine Probepackung da und Sie werden den Unterschied selber feststellen.

■ Wie gesagt, ich benutze schon seit Jahren „Wash & Clean" ______ Waschen! Aber lassen Sie die Probepackung ruhig einmal da. Man weiß ja nie!

[1] der Weichspüler, - : Mittel, das die Wäsche weicher macht

d) berichten

In den Zeitungen wird schon seit Tagen ausführlich[1] ______ ______ Naturkatastrophen in Asien berichtet. In diesen Ländern müssen die meisten Reisenden darum ihren Urlaub vorzeitig abbrechen[2]. Zu Hause werden sie von Bekannten und Freunden am Flughafen empfangen, wo sie nur kurz ______ ihr___ Erlebnissen berichten können, weil sie erschöpft sind.

[1] ausführlich : mit vielen Details
[2] abbrechen : beenden

e) sich beschweren

Viele Eltern haben sich schon ______ ______ Schulverwaltung ______ ______ fehlend___ Sicherheitsvorkehrungen an Kreuzungen beschwert. Vor allem jüngere Schülerinnen und Schüler sind durch den Straßenverkehr gefährdet und sollten mithilfe der Schülerlotsen[1] und -lotsinnen sicher auf die andere Straßenseite gelangen.

[1] der Schülerlotse, -n : Verkehrshelfer, der Mitschülern hilft, sicher über die Straße zu kommen

f) bestehen

- Ich finde es so dumm von Jan, dass er ______ Dingen besteht, über die er nicht genau Bescheid weiß!
- Das stimmt! Mir hat er erst gestern zu beweisen versucht, dass Wasser nur ______ Wasserstoff[1] besteht, dabei weiß doch jedes Kind, dass im Wasser auch Sauerstoff[2] enthalten ist.

[1] der Wasserstoff : chemisches Zeichen H
[2] der Sauerstoff : chemisches Zeichen O

g) sich bewerben

Ich habe in Griechenland das achte Semester meines Germanistikstudiums abgeschlossen und möchte mich hiermit ______ Ihnen ______ ______ Stipendium[1] für das kommende Semester bewerben.

[1] das Stipendium, Stipendien : finanzielle Unterstützung zum Studieren

h) brauchen

- Laura, beeil dich, wir müssen gehen. Du brauchst immer so lange ______ Schminken[1]!
- Ich bin schon fertig! Na, wie sehe ich aus?
- Ehrlich gesagt: Ich wusste nicht, dass man ______ so ein einfaches Make-up eine halbe Stunde braucht! So lange warte ich nämlich schon ...

[1] das Schminken : Make-up benutzen

6 Kreuzen Sie die richtige Präposition bzw. das richtige Pronominaladverb an.

Der Umzug

Maries Vater wurde im letzten Sommer nach Berlin versetzt, was für die ganze Familie eine Umstellung[1] mit sich brachte. Marie musste die Schule wechseln. Anfangs hatte sie sich (1) ihrem Vater (2) beklagt, dass sie dadurch alle ihre Freundinnen verlieren werde. Ihr Vater bemühte sich (3) , sie zu beruhigen. Er versuchte, sie davon zu überzeugen, dass alle ihre alten Freundinnen sie (4) diesen Umzug in die Hauptstadt beneiden würden, und sie ohnehin bald in Berlin neue Freundschaften schließen werde.

Marie war jedoch nicht so leicht (5) diesen Umzug zu begeistern. Sie beschwerte sich zwar immer seltener (6) , aber man konnte es ihr doch ansehen, dass sie nicht weg wollte.

Am vorletzten Tag gab sie eine Abschiedsparty, zu der natürlich alle Freundinnen und Bekannten eingeladen waren. Es wurde am Ende etwas traurig, vor allem als ihre Freundinnen sie (7) ihre neue Adresse baten. Viele versprachen, sie so bald wie möglich in Berlin zu besuchen und Marie bedankte sich gerührt[2] (8) allen (9) , dass sie so lieb zu ihr waren. Auch versprach sie, bald wiederzukommen, um ihnen (10) die neue Schule und Berlin zu berichten. Sie bestand (11) einem gemeinsamen Foto, um alle in Erinnerung zu behalten. Im Grunde genommen[3] wusste sie genau, dass sich ihre Freundschaften und ihre Kontakte in der Heimatstadt nunmehr[4] (12) beschränken würden, über die sozialen Netzwerke zu kommunizieren und manchmal miteinander zu skypen.

[1] die Umstellung, -en : neue Situation
[2] gerührt : emotional
[3] im Grunde genommen : in Wirklichkeit
[4] nunmehr : ab jetzt

1 A über
B bei
C mit

2 A dadurch
B darüber
C davon

3 A darum
B darin
C daraus

4 A an
B für
C um

5 A um
B in
C für

6 A darüber
B darum
C damit

7 A für
B um
C über

8 A mit
B von
C bei

9 A dafür
B damit
C dabei

10 A von
B über
C für

11 A aus
B auf
C in

12 A daraus
B davon
C darauf

Verben mit „D / E"

7 Ergänzen Sie die Präposition oder das Pronominaladverb sowie den Artikel und – wo nötig – die Endung.

a) demonstrieren

In den 60er Jahren haben die Studierenden ______ Frieden und ______ Aufrüstung[1] demonstriert. Die heutigen Studierenden interessieren sich dagegen für andere Themen.

[1] die Aufrüstung : Kauf von mehr Waffen

b) denken

● Wie denken Sie eigentlich ______, dass Gesetze zum Schutz der Umwelt erlassen[1] werden?

■ Ich finde, man sollte in Zukunft vor allem ______ ______ Umwelt denken, um unseren Kindern und Enkeln ein gesundes Leben zu sichern.

[1] ein Gesetz erlassen : ein Gesetz machen

c) dienen

● ______ dient denn dieses Kästchen hier auf dem Tisch?

■ Es dient ______ Schlüsselkästchen. Ich bewahre alle meine Schlüssel darin auf[1].

[1] aufbewahren : an einen sicheren Ort tun

d) diskutieren

Lena hat wirklich Glück mit ihren Eltern, denn sie kann ______ ihnen ______ all___ Themen diskutieren.

e) sich eignen

Michelle eignet sich ______ Schauspielerin, denn sie hat nicht nur Talent, sondern ist auch sehr engagiert und ehrgeizig[1]. Sie eignet sich wirklich ______ dies___ Beruf.

[1] ehrgeizig : nach Erfolg suchend

f) sich einsetzen

● Du, Lukas, ich habe mich neulich ______ unser___ Chef ______ eingesetzt, dass du auch an diesem Projekt mitarbeitest. Er will mal mit dir sprechen, hat er mir gesagt.

■ Das ist nett von dir! Danke schön! Ich werde sofort zu ihm hingehen, denn dieses Projekt interessiert mich sehr.

g) eintreten

Seitdem Philipp ______ ______ Tierschutzverein eingetreten ist, hat er sehr viel zu tun. Er nimmt an verschiedenen Aktionen teil und tritt so ______ ______ aussterbenden Tiere ein.

h) sich entscheiden

● Wisst ihr schon, wohin Florian und Lisa im Urlaub fahren?

■ Florian und Lisa haben sich ______ ______ Alpen entschieden. Sie wollen nicht mit uns ans Mittelmeer fahren.

● Ich würde lieber nach Paris fahren. An ihrer Stelle hätte ich mich also sowohl ______ ______ Alpen als auch ______ ______ Mittelmeer entschieden.

i) sich entschuldigen

Du musst dich ______ dein___ Nachbarn ______ dein___ unmöglich___ Verhalten entschuldigen.

j) erfahren

● Meine Schwester hat mir erzählt, dass Müllers umgezogen sind. ______ ihr habe ich auch erfahren, dass Herr Müller nach Hamburg versetzt worden ist.

■ Dann stimmt es also doch, was ich ______ Bekannte erfahren habe, dass nämlich Herr Müller die Leitung einer großen Firma in Hamburg übernommen hat.

k) erfahren

- Weißt du schon, was der Familie Neumann passiert ist?
- Gestern habe ich ______ ______ Unglück erfahren. Was ist denn da genau passiert?
- Ich weiß auch nur, dass alle im Krankenhaus liegen. Sobald ich Näheres[1] ______ erfahre, rufe ich dich an.

[1] Näheres : Einzelheiten

l) sich erhöhen

Innerhalb von einem Jahr hat sich der Konsum von Orangen ______ ______ Dreifache[1] erhöht. Das bedeutet, dass sich der Import von solchen Früchten von 40 Tonnen ______ 160 Tonnen erhöht hat.

[1] das Dreifache : drei mal mehr

m) sich erkundigen

Sobald man auf einer Reise in einer europäischen Großstadt ankommt, kann man sich entweder ______ ______ Touristeninformation ______ Hotels in jeder Preislage erkundigen oder diese Informationen im Internet suchen.

n) erschrecken

In Gedanken versunken saß Alina auf der Parkbank, als ein kleiner Hund auf sie zukam und bellte. Sie erschrak ______ ______ Hund und wollte schon weglaufen, als der Besitzer des Hundes näherkam. Er schimpfte fürchterlich mit dem Hund und Alina erschrak ______ sein___ Worte. „Armer Hund! Was du so zu hören bekommst!", dachte sie.

o) erzählen

- Weißt du schon, was bei Familie Hansen passiert ist?
- Meine Schwester hat mir nur ______ erzählt, dass sie Frau Hansen zufällig im Bus gesehen hat, und dass sie den Arm in Gips hatte.
- Hat sie mit ihr gesprochen?
- Ich glaube nicht. Warum?
- Das wirst du gleich sehen, wenn ich dir alles ______ dies___ Familie erzählt habe. Also, pass auf ...!

8 Kreisen Sie die richtige Präposition bzw. das richtige Pronominaladverb ein.

Magersucht[1]

Die Magersucht ist eine Essstörung[2], mit / an der vor allem junge Mädchen erkranken. Sie ist davon / daran zu erkennen, dass die Jugendlichen kaum noch essen und sich oft zum Skelett hungern.

In vielen Fällen stellt sich später heraus, dass eine Diät von der Mutter verordnet wurde, die ihr Kind dazu / damit erziehen wollte, schon früh auf die Figur zu achten. Aber vor allem die Medien sind mit schuld an diesem Suchtverhalten, das vor / aus dem Trend entstanden ist, bekannten Models nachzueifern[3]. Die Identifikation mit den Models, die ihren Modedesignern und -designerinnen nur dazu / dabei dienen, die neue Kollektion gut zu verkaufen, führt in vielen Fällen zur Magersucht.

Oft empfinden die Jugendlichen schon ein paar Kilo für / als störend. Die panische Angst, dick zu werden, veranlasst sie dazu, sich einseitig zu ernähren, z.B. nur an / von Wasser und Joghurt, was nicht selten mit / zu einem Krankenhausaufenthalt endet. Meistens brauchen die jungen Leute Monate, bis sie sich wieder von / vor dieser Krankheit erholt haben.

Sobald Eltern ein solches Verhalten bei ihrem Kind bemerken, sollten sie bei / mit ihm darüber / davon diskutieren und dabei zeigen, dass gutes Aussehen allein, von / um das sich alles in der Modebranche dreht, nicht genügt, um ein glückliches Leben zu führen. Die jungen Menschen müssen lernen, sich aus / von ihren Idolen zu distanzieren. Eltern dürfen dabei nicht vergessen, dass es zum großen Teil ihre Schuld ist, wenn die Magersucht sich zu / nach einer Art Massenkrankheit bei den Jugendlichen entwickelt. Sie müssen mehr auf / in ihre Kinder eingehen, denn die elterliche Liebe und Geborgenheit[4] ist durch / in nichts zu ersetzen.

[1] die Magersucht : Suchtkrankheit, bei der man kaum isst und dünn wird
[2] die Essstörung, -en : falsches Essverhalten
[3] nacheifern : als Vorbild haben
[4] die Geborgenheit : der Schutz

Verben mit „F / G“

9 **Welche Präpositionen passen zu dem Verb? Malen Sie die richtigen Geschenke an.**

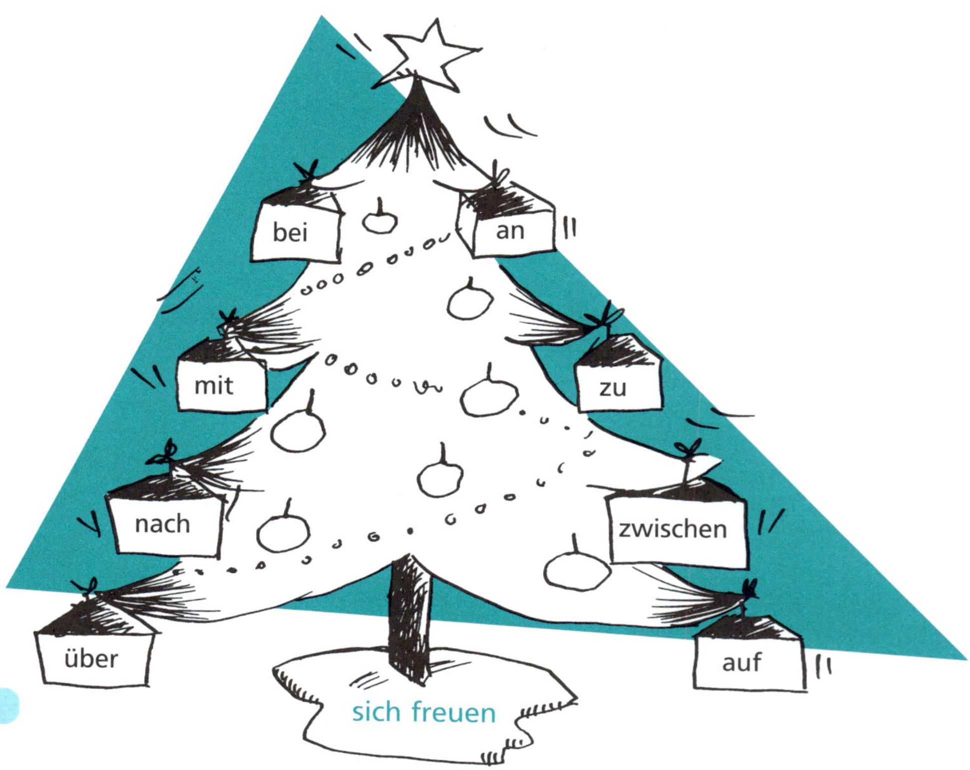

10 Ergänzen Sie die Präposition oder das Pronominaladverb sowie den Artikel und – wo nötig – die Endung.

sich freuen

Die Schülerinnen und Schüler freuen sich schon im Frühling ______ ______ Sommerferien. In den Ferien freuen sie sich dann ______ ______ toll___ Wetter, ______ blau___ Meer und ______, dass sie abends länger wegbleiben dürfen. Bei den Eltern ist es nicht anders, denn im Urlaub haben sie endlich Zeit, sich ______ ihr___ Kindern zu freuen.

11 Ergänzen Sie die Präpositionen.

Auf der Flucht

Mara ist ein Flüchtlingskind[1]. Zusammen mit ihrer Familie musste sie ______ dem Militärregime[2] in ihrer Heimat, Protestralien, fliehen. Das war vor drei Jahren. Maras Vater ist einer der Anführer[3] im Widerstandskampf[4] und Mara fürchtet sich noch heute ______ den Soldaten mit den schweren Stiefeln, die ______ ihrem Vater forschen, um ihn festzunehmen. Es geht ______ sein Leben und das hat Mara - obwohl sie noch klein ist - wohl erkannt.

Nachdem sie über die Grenze gelangten, gewährte ihnen Deutschland politisches Asyl[5]. Trotzdem fordert die Regierung Protestraliens auch heute noch ______ Deutschland die Ausweisung[6] ihres Vaters.
Ihre Heimat grenzt nicht direkt ______ die Bundesrepublik Deutschland, und vor allem aus diesem Grund fühlt Mara sich sicher. Aber vor allem garantiert das Asylland ______ Freiheit und Sicherheit.

Natürlich vermisst sie ihre Verwandten in der Heimat und oft fragt Mara ihre Mutter ______ ihnen. Aber die Mutter weiß natürlich auch nicht, was aus ihnen geworden ist. Alle hoffen, dass bald Frieden ist. Dann wird die Familie in ihre Heimat zurückkehren. ______ diesen Tag freuen sie sich jetzt schon sehr.

[1] das Flüchtlingskind, -er : Kind von Menschen, die geflohen sind
[2] das Militärregime, -s : die Militärregierung
[3] der Anführer, - : der Chef
[4] der Widerstandskampf, ⸚e : der Kampf gegen eine Regierung
[5] politisches Asyl gewähren : politisches Asyl geben
[6] die Ausweisung, -en : Aktion, bei der jd. aus einem Land weggeschickt wird

Verben mit „H / I / K“

12 **Welche Präpositionen passen zu dem Verb? Malen Sie die richtigen Bücher an.**

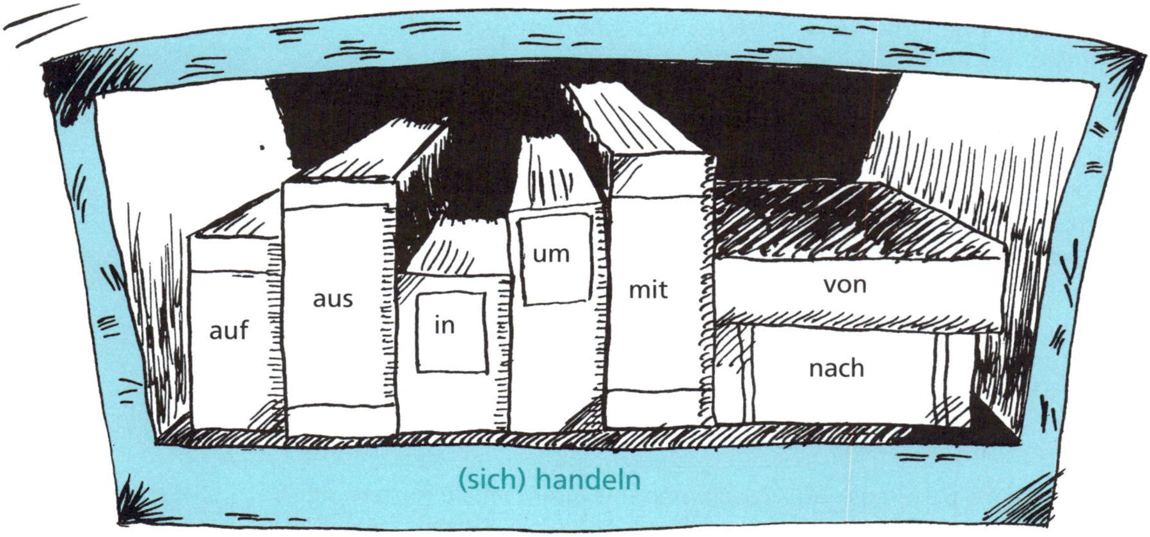

13 **Welche Präpositionen passen zu dem Verb? Kreisen Sie ein.**

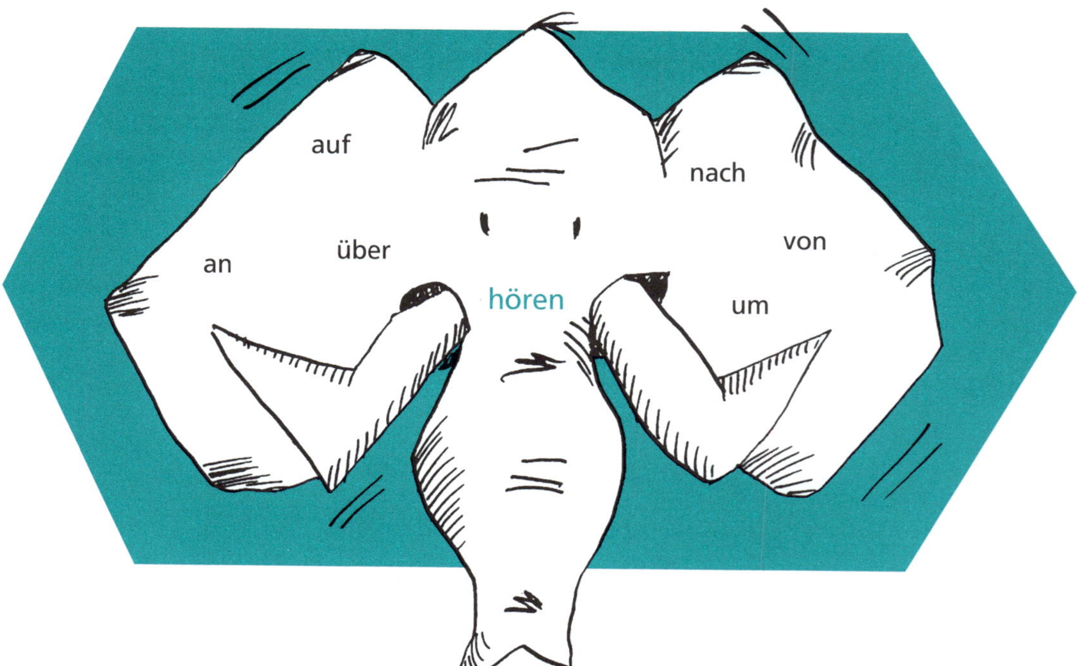

14 Welche Präpositionen passen zu dem Verb? Kreisen Sie ein.

15 Ergänzen Sie die Präposition oder das Pronominaladverb sowie den Artikel und – wo nötig – die Endung.

a) (sich) halten

- ● Was hältst du eigentlich ___ unser___ jetzig___ Chef?
- ■ Ich halte ihn ___ ein___ sehr intelligent___ und fähig___ Mann.
- ● Das finde ich auch! Außerdem hält er sich immer ___ ___ Vorschriften[1]. Man weiß bei ihm, woran man ist.

[1] die Vorschrift, -en : offizielle Regel

b) handeln

- ● ___ handelt es sich im letzten Film von Dennis Dingsda?
- ■ Der Film handelt ___ Schmugglern[1], die ___ Drogen handeln und am Ende von der Kriminalpolizei festgenommen werden.

[1] der Schmuggler, - : Mann, der unerlaubt Dinge über eine Grenze transportiert und verkauft

c) hören

- ● Tobias liegt im Krankenhaus!
- ■ Ich weiß, ich habe schon ___ sein___ Unfall gehört. Wie ist es denn passiert? Hast du Näheres[1] ___ gehört?
- ● Soviel ich weiß, hat er nicht ___ ___ Warnungen des Skilehrers gehört und ist dann auf der vereisten Piste gestürzt.

[1] Näheres : Einzelheiten

d) sich informieren

___ ___ Rezeptionistin können Sie sich ___ all___ Unterhaltungsmöglichkeiten in der Stadt informieren.

e) kämpfen

Im Zweiten Weltkrieg kämpfte Deutschland ___ ___ Alliierten[1], also die UdSSR, Großbritannien, Frankreich und die USA. Beide Seiten kämpften ___ Waffen, die teilweise zum ersten Mal in diesem Krieg ausprobiert wurden. Deutschland kämpfte damals ___ ___ Ausbau[2] seiner Macht und die Erweiterung[2] seiner Gebiete, indem es andere Länder besetzte. Dabei kämpfte es auch ___ ___ Elsass[3], das während des Krieges von deutschen Truppen[4] besetzt war und nach Kriegsende wieder voll in den französischen Staat integriert wurde.

[1] die Alliierten (Pl.) : Staaten, die im Krieg zusammen kämpfen
[2] der Ausbau, die Erweiterung, -en : die Vergrößerung
[3] das Elsass : Gebiet westlich von Deutschland, in dem Straßburg liegt
[4] die Truppe, -n : militärische Einheit

f) kommen

- ● Weißt du eigentlich, wie Onassis, der arme Schuhputzer, ___ so viel Geld gekommen ist?
- ■ Wer weiß, vielleicht kommt das Geld ___ ___ viel___ Arbeit! Aber das waren damals ja auch ganz andere Zeiten; heutzutage ist so etwas unmöglich.

16 Ergänzen Sie die Präpositionen oder Pronominaladverbien.

Das Rockkonzert

- ● Du, Julia, ich habe zwei Eintrittskarten für das Konzert von „Rockfreunde". Was hältst du ___?
- ■ Ich interessiere mich eigentlich nicht so sehr ___ diese Musik. Aber ich habe gehört, dass schon alles ausverkauft[1] ist. Wo hast du denn die Karten her?
- ● Also, das ist wirklich nicht das Thema. Kommst du nun mit oder nicht? Neulich erst hast du doch ___ geklagt, dass wir nichts gemeinsam unternehmen, und da bin ich auf diese Idee gekommen.
- ■ Das finde ich ja auch toll von dir, aber du weißt doch, dass ich mich ___ deinen Idolen nicht identifiziere. Ich kann einfach nichts mit dieser Musik anfangen, tut mir leid!
- ● Das ist doch egal. Dieses Rockkonzert ist ein Ereignis und man sollte es sich unbedingt ansehen.
- ■ Das kommt ___, wenn man so viel in den sozialen Netzwerken unterwegs ist. Alles, was dort steht, machst du nach, egal, ob du es wirklich gut findest oder nicht.
- ● Darf ich dich ___ hinweisen, dass die „Rockfreunde" nicht umsonst ___ Ruhm und Ansehen gekommen sind, sie verdienen nämlich viel Geld mit ihrer Musik und haben einen Grammy gewonnen. ___ hast du wohl noch nie etwas gehört! Oder?

■ Also, wenn du unbedingt in dieses Konzert willst, kann ich dich ja schlecht ___ hindern, aber mitkommen werde ich nicht. Tut mir wirklich leid! Wir treffen uns dann ein anderes Mal. Ich hoffe jedenfalls ___ einen Abend bei etwas ruhigerer Musik. Viel Spaß bei den „Rockfreunden"!

[1] ausverkauft sein : es gibt nichts mehr zu kaufen

Verben mit „L / M / N / O / P / R"

17 Welche Präpositionen passen zu dem Verb? Kreisen Sie ein.

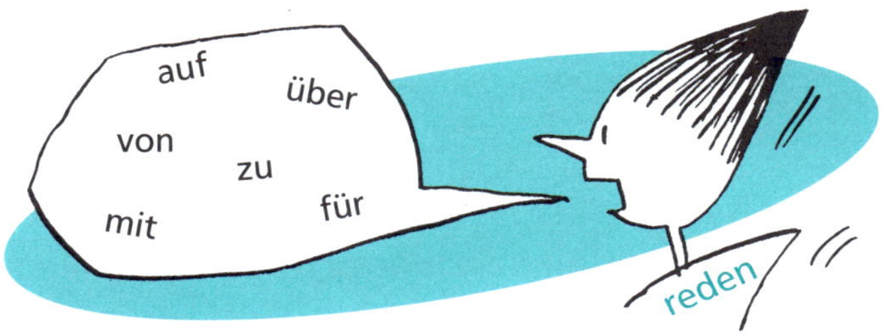

18 Ergänzen Sie die Präposition oder das Pronominaladverb sowie den Artikel und – wo nötig – die Endung.

a) leiden

Seit Jahren leidet meine Freundin ___ Depressionen. Ich glaube aber, dass sie in Wirklichkeit nicht krank ist, sondern ___ ___ schlecht___ Arbeitsbedingungen im Betrieb zu leiden hat.

b) meinen

- ● Jana und Niklas wollen heiraten. Was meinst du ___?
- ■ Was soll ich schon ___ meinen? Die müssen doch wissen, was sie tun. Ihren Fehler werden sie später selber einsehen!
- ● Was meinst du ___?
- ■ Ich meine nur, dass die zwei nicht zusammenpassen.

c) sich melden

Auf dem Konrad-Adenauer-Gymnasium melden sich seit Kurzem die Schülerinnen und Schüler ___ ihr___ Klassenlehrer oder ihr___ Klassenlehrerin ___ Reinigungsdienst. Sie bekommen dann Mülltüten und sammeln eine Woche lang in der großen Pause den Müll auf, der auf dem Hof herumliegt.

d) sich rächen

Kim hat ihren Chef in Gegenwart von Kollegen bloßgestellt[1]. Das hätte sie nicht tun sollen, denn er wird sich ___ dies___ Beleidigung noch ___ ihr rächen.

[1] bloßstellen : lächerlich machen

e) reden

- ● Gestern war ich auf einer Party.
- ■ Wie war es denn?
- ● Eigentlich ganz nett, wenn da nicht so ein langweiliger Typ gewesen wäre, der den ganzen Abend ______ mir in allen Einzelheiten ______ sein___ Philosophiestudium reden wollte!
- ■ Das geht doch noch! Stell dir vor, er hätte nur ______ ______ Wetter geredet! Das ist mir nämlich einmal auf einer Party passiert!

f) sich richten

Auf der Schulkonferenz wurde über viele Probleme diskutiert. Dabei wurde offen Kritik geübt, die sich hauptsächlich ______ ______ älter___ Kolleginnen und Kollegen richtete. Sie lassen den Jüngeren angeblich keine Entscheidungsfreiheit, sodass diese sich ______ richten müssen, was die Dienstältesten anordnen[1].

[1] anordnen : sagen, was jd. tun muss

19 Kreisen Sie die richtige Präposition bzw. das richtige Pronominaladverb ein.

Ordnung ist das halbe Leben

Jannik ist 18 Jahre alt und wohnt bei seinen Eltern. Es mangelt ihm bei / an Ordnungssinn und deswegen nörgelt seine Mutter ständig an ihm herum[1]. In seinem Zimmer riecht es immer nach / vor Zigarettenrauch, weil er weder die Aschenbecher ausleert noch die Fenster aufmacht, um zu lüften.

Er lebt sozusagen mit / von Cola und Chips; die leeren Flaschen stehen überall im Zimmer herum und die Chipstüten wirft er nicht in den Müll, sondern unter das Bett. Wenn seine Eltern ihn darum bitten, doch für etwas mehr Ordnung zu sorgen, dann reagiert er kaum darauf / damit. Höchstens ordnet er seine Kleidung danach / dadurch, was sauber ist und was gewaschen werden muss, aber mehr tut er nicht.

Seinem Vater bereitet dieser Zustand Kopfschmerzen und der Kummer macht ihn noch zu / aus einem kranken Mann. Auch seine Mutter leidet darunter / daran und sie hat schon einmal versucht, sein Zimmer sauber zu machen, während er in der Universität war. Nur hatte sie nicht damit / dafür gerechnet, dass Jannik früher als üblich nach Hause kommen würde und so kam es zu einem großen Streit zwischen ihnen.

Seitdem rächt sich Jannik von / an seiner Mutter dafür / daran, dass sie in sein Reich eingedrungen ist, indem er nicht mit ihr spricht. Sie ruft an / nach ihm und er stellt sich einfach taub[2]. Was Jannik mit diesem Verhalten genau bezwecken[3] will, ist ganz offensichtlich[4], dass man ihn nämlich in Ruhe lässt. Trotzdem richtet sich seine Mutter nicht danach / dagegen und glaubt auch weiterhin, dass Ordnung das halbe Leben ist.

[1] herumnörgeln : kritisieren
[2] sich taub stellen : tun, als ob man nicht hören kann
[3] bezwecken : als Ziel haben
[4] offensichtlich : leicht verständlich

20 **Welche Präpositionen passen zu dem Verb? Kreisen Sie ein.**

21 **Welche Präpositionen passen zu dem Verb? Kreisen Sie ein.**

22 Welche Präpositionen passen zu dem Verb? Malen Sie die richtigen Bleistifte an.

schreiben

23 Ergänzen Sie die Präposition oder das Pronominaladverb sowie den Artikel und – wo nötig – die Endung.

a) sagen

- ● Was sagt denn deine Freundin _____, dass du dir einen Bart wachsen lässt? Gefällst du ihr jetzt besser?
- ■ Sie meinte nur, ich sähe jetzt anders aus. Sie hat nichts _____ gesagt, dass ich jetzt besser aussehe.
- ● Damit ist ja wohl alles _____ dein___ neu___ Aussehen gesagt, nicht wahr?
- ■ Das sehe ich auch so, deswegen werde ich mich heute Abend auch rasieren!

b) schimpfen

Mein Vater schimpft immer _____ _____ heutig___ Jugend und da ich auch dazu gehöre, schimpft er _____ mein___ unordentlich___ Zimmer, _____ mein___ Frisur und natürlich _____, dass ich schlechte Noten in der Schule habe. Und _____ mein___ Mutter schimpft er dann auch noch, weil sie seiner Meinung nach an allem schuld ist.

c) (sich) schlagen

Neulich hat Tim seine Freundin Helen mit einem anderen Jungen in der Innenstadt gesehen. Er wurde so wütend, dass er dem anderen Jungen _____ _____ Faust[1] ins Gesicht schlug. So kam es, dass sich die beiden mitten auf der Straße _____ _____ schön___ Helen schlugen. Am nächsten Tag wusste die ganze Schule darüber Bescheid, dass Tim sich _____ ein___ anderen Jungen geschlagen hatte.

[1] die Faust, ¨e : Hand, die wie ein Ball geformt ist

d) schreiben

- ● Gestern habe ich eine E-Mail _____ mein___ Freundin in Ulm geschrieben.
- ■ Hast du ihr auch _____ dein___ neu___ Freund geschrieben?
- ● Nur, dass ich eine neue Beziehung habe. Im nächsten Brief schreibe ich ihr _____, wie ich ihn kennengelernt habe.

e) sein

„In diesem Schuljahr haben wir einen neuen Klassenkameraden bekommen. Er heißt Nico und kommt aus Wien. Wer von euch ist ________, dass wir ihm in der Pause die Schule zeigen? Bitte Finger hoch! Aha, wie ich sehe, ist keiner ________. Also gehen wir!"

f) senken

Um konkurrenzfähig zu sein, senkte die neue Supermarktkette die Preise ________ 25%, sodass z.B. eine Flasche Bio-Vitaminsaft statt 2,40 EUR jetzt nur noch 1,80 EUR kostet. Man sagt übrigens, dass Lebensmittel noch billiger werden sollen, sodass der Preis der Flasche Bio-Vitaminsaft vielleicht sogar ________ 1,40 EUR gesenkt wird.

g) sinken

Die Durchschnittstemperaturen sind in diesem Winter von 4° C ________ -2° C gesunken. Das bedeutet, dass es kälter ist als im Vorjahr, da die Temperaturen ________ mehr als 6 Grad gesunken sind.

24 Welche Präpositionen passen zu dem Verb? Malen Sie an.

25 Welche Präpositionen passen zu dem Verb? Kreisen Sie ein.

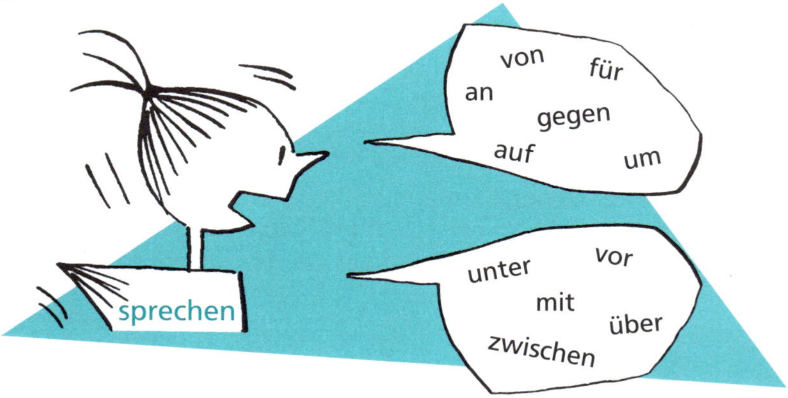

26 Welche Präpositionen passen zu dem Verb? Kreisen Sie ein.

27 Ergänzen Sie die Präposition oder das Pronominaladverb sowie den Artikel und – wo nötig – die Endung.

a) sorgen

Die heutigen Mütter sorgen sich zwar sehr ________ ihr____ Kinder, aber da sie zum größten Teil berufstätig sind und kaum Zeit haben, können sie nicht so ________ sie sorgen, wie sie es gern tun würden.

b) spielen

Bei der Basketball-Weltmeisterschaft 2006 spielten erstmals 24 Länder _____ _____ Pokal[1]. Die Spanier gingen als Sieger hervor, nachdem sie im Finale _____ _____ Mannschaft aus Griechenland gespielt hatten. Die griechische Mannschaft spielte _____ Papaloukas, Spanoulis und Diamantidis und erlangte den zweiten Platz.

[1] der Pokal, -e : Gegenstand, den man als Sieger bekommt

c) sprechen

Mein Großvater spricht oft stundenlang _____ mein___ Vater _____ _____ Zukunft unseres Betriebs. Früher leitete ihn mein Großvater, jetzt hat mein Vater ihn übernommen. Eigentlich sprach damals nichts _____, dass mein Opa ihn auch weiterhin managt, aber er wollte meinem Vater die Gelegenheit geben, seine Fähigkeiten unter Beweis zu stellen.
Die beiden sprechen allerdings immer wieder _____ _____ finanziell___ Schwierigkeiten und so spricht einiges _____, dass mein Opa wieder in den Betrieb einsteigt. Eine andere Möglichkeit wäre, die Firma zu verkaufen. _____ hat mein Vater auch schon kurz gesprochen, aber Opa will nichts davon wissen.

d) steigen

Das Fieber ist letzte Nacht _____ 39,5° C gestiegen, während der Patient die Nacht davor noch 38,5° C Fieber hatte. Seine Körpertemperatur ist also _____ 1° C gestiegen.

e) sich steigern

Der Sprinter hat sich durch das gezielte Training _____ 0,5 Sekunden gesteigert. Jetzt hat er gute Chancen, bei den Meisterschaften in den Endkampf zu kommen. Wenn er sich _____ 9,9 Sekunden steigern sollte, hat er vielleicht sogar Aussichten auf die Goldmedaille.

f) stimmen

Die Buslinie 5 wird bald stillgelegt[1]. Auf der Versammlung haben nämlich über die Hälfte der Arbeitnehmerinnen und Arbeitnehmer _____ _____ Abschaffung[2] der Buslinie 5 gestimmt. Nur zehn Leute stimmten _____, weil sie wollten, dass diese Verbindung bleibt.

[1] stilllegen : stoppen
[2] die Abschaffung : Aktivität, die einen Betrieb stoppt

g) sich streiten

Annika und Sophie sind Zwillinge und haben zusammen zum Geburtstag ein Tablet geschenkt bekommen. Seitdem streiten sie sich jeden Tag _____ _____ Tablet. Ganz schlimm ist es, wenn auch ihr kleiner Bruder _____ ihnen streitet, weil er auch damit spielen will. Hätte der Vater gewusst, dass sich die Kinder so intensiv _____ dies___ Thema streiten würden, hätte er das Tablet sicher nicht gekauft.

28 Ergänzen Sie die Präpositionen und Pronominaladverbien.

darüber, mit, gegen, nach, über, für, auf, dagegen, vor, mit, für, nach, mit, an, gegen, dafür, über, vor, mit

Urlaub mit der Familie

Mario ist 18 Jahre alt und verbringt die Ferien mit seinen Eltern und den zwei jüngeren Schwestern, Helen und Eva, auf der Kykladen-Insel Milos. Zuerst war er ___ Milos und weigerte sich einfach mitzufahren. Mykonos wäre ihm lieber gewesen, weil seine Freunde dahinfahren wollten. Aber dann hat seine Mutter so ___ ihm geschimpft, dass er doch ___ Milos und ___ Mykonos stimmen musste. Außerdem hätte er sich ___ seinen Freunden geschämt, mit zwei jüngeren dummen Schwestern Urlaub zu machen. Auf Milos sieht ihn jetzt wenigstens keiner seiner Freunde. Er wollte sich auch nicht länger ___ seinen Eltern ___ streiten. Nächstes Jahr fährt er sowieso allein, das hat er sich fest vorgenommen.

Nachdem die Familie also „einstimmig[1]" beschlossen hatte, nach Milos zu fahren, schickte sein Vater eine Mail ___ das Hotel und buchte zwei Zimmer für eine Woche. Bei der Reise hatten sie schlechtes Wetter und das Schiff schaukelte[2] sehr. Sie schimpften ___ den starken Wind und sahen enttäuscht ___ die schäumenden Wellen. Die zwei kleinen Schwestern staunten ___ das Spektakel[3].

Als sie gestern auf Milos ankamen, fuhren sie direkt zum Hotel. Marios Vater war ___, das Gepäck abzuladen und direkt schwimmen zu gehen. Es sprach auch nichts ___, denn die ganze Familie hatte genug von der anstrengenden Reise. Da sie keine Lust hatten, noch weit zu fahren, blieben sie am Strand direkt in der Nähe des Hotels. Erst später bemerkten sie, dass es dort ___ Müll stank. Als sie einen Einheimischen danach fragten, erfuhren sie, dass die Müllabfuhr ___ höhere Löhne streikte.

Heute sind sie an einen ganz tollen Strand gefahren. Die Sonne steht hoch am Himmel und die Mutter cremt die Kleinen ein, um sie ___ den gefährlichen Sonnenstrahlen zu schützen. Eva spielt ruhig ___ Helen am Strand und sie bauen eine Sandburg. Das geht so lange gut, bis Eva ihrer Schwester Sand in die Augen wirft. Es kommt zu einem Riesenstreit und Helen schlägt ihre Schwester ___ der Schaufel[4]. Schließlich greift der Vater ein, der bekanntlich viel Geduld hat. Er packt sich die zwei Mädchen und kauft ihnen je ein Eis, das allerdings ___ nichts schmeckt. Das macht die beiden noch wütender und jetzt weinen sie erst richtig los. „Oh Gott, und die Ferien haben eben erst angefangen!", denkt Mario und springt ins Wasser, um das Geschrei nicht mehr zu hören. Wäre er doch nach Mykonos gefahren …

[1] einstimmig : der gleichen Meinung
[2] schaukeln : sich hin und her bewegen
[3] das Spektakel, - : die Show
[4] die Schaufel, -n : Gegenstand, mit dem man ein Loch in die Erde machen kann

Verben mit „T / U“

29 Ergänzen Sie die Präposition oder das Pronominaladverb sowie den Artikel und – wo nötig – die Endung.

a) tauschen

Mein Großvater tauschte _____ sein___ Freunden doppelte Briefmarken _____ solch___, die er noch nicht hatte. Diese Sammlung habe ich jetzt geerbt[1].

[1] erben : etwas bekommen, wenn jd. gestorben ist

b) tun

● Was soll ich nur _____ mein___ überschüssig___ Pfunde[1] tun? Mir passt kaum etwas vom letzten Jahr. Muss ich mir jetzt etwa neue Sachen zum Anziehen kaufen?

■ Hör mal, Jessica, wenn du wirklich etwas _____ dein___ Figur tun willst, musst du Sport treiben und gleichzeitig weniger essen! Dann passt dir auch alles vom Vorjahr wieder!

[1] überschüssige Pfunde (Pl.) : zu viele Kilos

c) überraschen

Den gestrigen Tag wird Frau Reis so schnell nicht vergessen. Am Nachmittag überraschte ihr Mann sie _____ ein___ wunderschön___ Blumenstrauß[1].
Als sie dann abends mit einer Freundin ins Kino ging, überraschte sie ihren Mann _____, wie er ein junges Mädchen küsste.

[1] der Blumenstrauß, ¨-e : mehrere Blumen zusammengebunden

d) übersetzen

● Yoko, ich habe hier ein Schreiben von einer japanischen Firma. Könntest du es mir bitte _____ Deutsche übersetzen?

■ Ich werde es versuchen, aber weißt du, besser übersetze ich eigentlich _____ _____ deutsch___ Sprache _____ mein___ Muttersprache.

e) sich unterhalten

Wenn sich mein Vater _____ mein___ Onkel _____ _____ Finanzen[1] unserer Firma unterhält, verstehe ich kein Wort.

[1] die Finanzen (Pl.) : die finanzielle Situation

f) unterrichten

Frau Wedewer unterrichtet die 12. und 13. Klasse _____ Informatik und muss immer auf dem neuesten Stand[1] sein. Deshalb ist sie bestens _____ _____ letzten Entwicklungen in diesem Bereich unterrichtet.

[1] auf dem neuesten Stand sein : alles Neue wissen

g) unterscheiden

Es fällt mir sehr schwer, _______ Amerikanisch und Australisch zu unterscheiden, weil es die gleiche Sprache ist. Das Englisch der Briten dagegen unterscheidet sich in der Aussprache _______ all___ ander___ _______, dass es deutlicher ist und man es besser verstehen kann.

h) urteilen

Viele Leute urteilen streng _______ ihr___ eigen___ Kriterien _______ fremd___ Leute und vergessen dabei völlig, dass sie selber auch nicht ohne Schwächen[1] sind.

[1] die Schwäche, -n : die negative Gewohnheit

30 Kreuzen Sie die richtige Präposition bzw. das richtige Pronominaladverb an.

a)

- ● Na, Marie, was hast du denn da wieder?
- ■ Du weißt doch, dass ich mich gleich mit Kim treffe und (1) ihr Autogramme tauschen will.
- ● Und was tauscht ihr genau?
- ■ Ich tausche Autogramme von Musikern (2) Autogramme von Sportlern. Kim hat ganz viele aus Berlin mitgebracht.
- ● Und wie könnt ihr wertvolle (3) wertlosen unterscheiden?
- ■ Bist du wirklich nicht (4) unterrichtet, dass man alles im Internet findet? Auch aktuelle Tauschwerte von Autogrammen?
- ● Das hätte ich mir ja denken können, das Internet ist eine Antwort auf alles.

b)

- ● Schau mal, meine neue Kalorien-App! Da gebe ich jetzt alles ein[1], was ich esse, und weiß an jedem Tag, wie viele Kalorien ich zu mir genommen habe.
- ■ Ist das nicht sehr umständlich[2]? Ich kann mir nicht vorstellen, (5) umzugehen, ohne durcheinander zu kommen. Und diese App scheint auch teuer zu sein.
- ● Also, mir waren die Kosten egal. Nur (6) zu urteilen, was am billigsten ist, finde ich falsch. Wichtig war mir, dass die App verlässlich ist. Deshalb habe ich verschiedene Apps verglichen, und diese ist einfach die beste.
- ■ Hm, das klingt logisch und ich sollte mir diese Apps auch mal näher ansehen. Wer weiß, vielleicht überraschst du mich auch bald (7) , wie ich jeden kleinen Snack in mein Smartphone eingebe.

[1] eingeben : (als Information in einen Computer / ein Handy) geben
[2] umständlich : kompliziert

1
- A mit
- B in
- C gegen

2
- A mit
- B für
- C gegen

3
- A zwischen
- B von
- C vor

4
- A darin
- B darüber
- C darauf

5
- A darum
- B dabei
- C damit

6
- A danach
- B dadurch
- C darüber

7
- A danach
- B dabei
- C daran

Verben mit „V“

31 Welche Präpositionen passen zu dem Verb? Kreisen Sie ein.

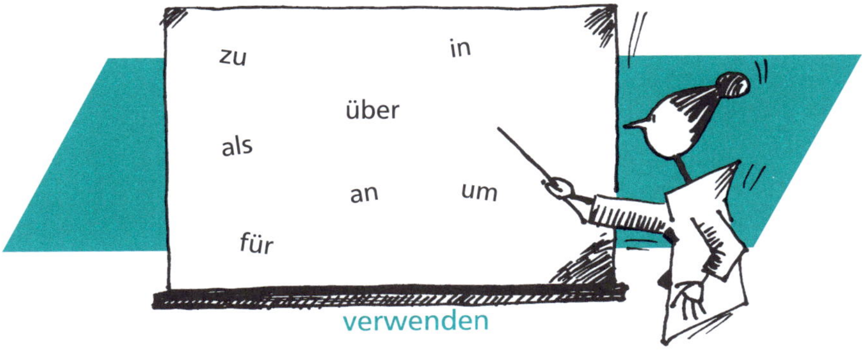

32 Ergänzen Sie die Präposition oder das Pronominaladverb sowie den Artikel und – wo nötig – die Endung.

a) sich verabreden
An der Uni habe ich eine sehr nette Frau kennengelernt und mich gleich ______ ihr ______ Abendessen verabredet.

b) verhandeln
Die Angestellten verhandeln ______ ihr___ Vorgesetzten[1] ______ ______ Verbesserung der Arbeitsbedingungen und die Erhöhung der Gehälter.

[1] der Vorgesetzte, -n : der Chef

c) verstehen
- ● Wie versteht ihr euch eigentlich ______ eur___ neu___ Direktor?
- ■ Er ist ganz nett und außerdem sehr für diesen Posten geeignet.
- ● Was verstehst du ______ „geeignet sein“?
- ■ Na, dass er in allen Bereichen Bescheid weiß. Man merkt sofort, dass er sich ______ sein___ Arbeit versteht. Innerhalb von wenigen Wochen hat er schon einiges hier verbessert.
- ● Versteht er denn etwas ______ Management?
- ■ Die Organisation klappt viel besser, seit er da ist, kann ich nur sagen.

d) verwenden
Den Lottogewinn hat er ______ verwendet, eine Weltreise zu machen. Ich finde jedoch, er hätte das Geld ______ Renovieren[1] seines Hauses verwenden sollen und nicht ______ ______ Reise, die man sowieso wieder vergisst. Noch besser wäre es, er hätte eine eigene Firma gegründet und das Geld ______ Startkapital[2] verwendet.

[1] das Renovieren : das Reparieren und Erneuern eines Hauses
[2] das Startkapital, -e : der Geldbetrag zur Gründung einer Firma

e) vorbereiten

Der Sportler Kevin Farian bereitet sich seit Monaten intensiv ____ ____ Wettkampf vor, der in Madrid stattfinden wird. ____ ____ Abreise hat sein Trainer alles rechtzeitig vorbereitet, damit es in letzter Minute keine Schwierigkeiten gibt. Viel Erfolg, Kevin, und einen guten Flug!!

33 Ergänzen Sie die Präpositionen.

Eine Liebesgeschichte

Die Geschichte zwischen Felix und Vanessa fing so an, wie viele Liebesgeschichten anfangen, nämlich unverhofft[1]: Vanessa bereitete sich ____ die Abiturprüfung vor und wollte Privatunterricht haben. Ihre Eltern fragten in einer Privatschule nach einem qualifizierten Lehrer, der Einzelunterricht erteilte. Dort arbeitete Felix, der Mathematik und Physik unterrichtete - genau die Fächerkombination, die Vanessa brauchte. Ihre Eltern vertrauten also ____ den Ruf[2] der renommierten[3] Schule und verhandelten ____ Felix ____ den Preis. Dann gaben sie ihm ihre Adresse und verabredeten sich gleich für den nächsten Tag ____ ihm.

Felix erschien pünktlich und klingelte an der Tür. Er verstand sich sofort ____ seiner neuen Schülerin. ____ den Unterricht verwendete er eigenes Material, das sich in all den Jahren bewährt[4] hatte. Verglichen ____ anderen war Vanessa sehr gut und es machte Spaß, mit ihr zu arbeiten. Er würde sie ____ Material versorgen, das er nur ____ sehr gute Schülerinnen und Schüler verteilte.
Als die Stunde zu Ende war, vereinbarte er ____ ihr, um wie viel Uhr sie am nächsten Tag wieder Unterricht hätten und verabschiedete sich ____ Vanessa und ihren Eltern. Er würde nun jeden Tag kommen und somit nicht schlecht ____ dieser Schülerin verdienen.

Bald wurde Felix bewusst, dass er sich ____ seine Schülerin verliebt hatte. Eines Tages verstieß er sogar ____ seine Prinzipien[5] und lud Vanessa zum Eis ein. Natürlich durfte Vanessa das nicht ihren Eltern verraten. In einem Eiscafé versteckten sie sich ____ den Passanten[6], um nicht gesehen zu werden. Heimlich schmiedeten sie Pläne[7], Felix wollte sich ____ ihr verloben, eine Familie gründen, sie ____ die böse Welt verteidigen, sie für immer lieben und ... und ... und ...
Und wenn sie nicht gestorben sind, dann lernen sie noch heute zusammen.

[1] unverhofft : unerwartet
[2] der Ruf : das Image
[3] renommiert : bekannt und anerkannt
[4] es hat sich bewährt : es hat sich gezeigt, dass es gut ist
[5] das Prinzip, -ien : die allgemeine Regel
[6] der Passant, -en : jd., der zufällig vorbeikommt
[7] Pläne schmieden : Pläne machen

Verben mit „W / Z"

34 Ergänzen Sie die Präposition oder das Pronominaladverb sowie den Artikel und – wo nötig – die Endung.

a) werben

Ohne Werbung haben neue Produkte heutzutage kaum eine Chance, auf den Markt zu kommen. Aus diesem Grund wird vor allem im Fernsehen mit allen Mitteln ______ ______ Vertrauen der Kundschaft geworben. ______ ein___ neu___ Automodell wird z.B. geworben, indem ein bekanntes Mannequin darin fährt.

b) werden

Viele Eltern machen sich um die Zukunft ihrer Kinder Sorgen, weil sie nicht wissen, was ______ ihnen einmal wird. Sie hoffen, dass ihre Kinder später ______ erfolgreich___ und glücklich___ Menschen werden.

c) wissen

Der junge Mann, der in Untersuchungshaft[1] sitzt, behauptet, nichts ______ ______ Banküberfall[2] zu wissen. Gleichzeitig wird auch seine Freundin verhört[3]. Die Polizei ist davon überzeugt, dass sie etwas ______ ______ Plan ihres Freundes weiß.

[1] die Untersuchungshaft : Zeit im Gefängnis bis zum Prozess
[2] der Banküberfall, ¨-e : kriminelle Aktion, um das Geld einer Bank zu stehlen
[3] verhört werden : von der Polizei interviewt werden

d) weinen

Die kleine Luisa weint ______, dass ihr Teddybär aus dem Fenster gefallen ist. Zusammen mit ihrer großen Schwester geht sie hinunter auf die Straße, aber sie finden ihn nicht. Jemand wird ihn wohl genommen haben und Luisa weint noch lange ______ ihren geliebten Teddy.

e) zählen

● Alexander, ich muss mit dir reden!!
■ Was ist denn?
● Ich habe ein Riesenproblem und brauche deine Hilfe. Kann ich ______ dich zählen?
■ Das ist doch selbstverständlich! Schließlich zählst du ______ mein___ best___ Freunden. Was ist denn los?
● Ich brauche unbedingt 10000 Euro!

35 Ergänzen Sie die Präpositionen und Pronominaladverbien.

über — gegen — davor — von — mit — auf — aus — für — zur — auf — worüber — damit — auf

Der Schönheitswettbewerb

● Jasmin, warte _____ mich! Was hast du denn?

■ Dumme Frage, ich sehe doch bestimmt ganz furchtbar aus! Die Wimperntusche[1] läuft und das Make-up ist verschmiert[2]!

● _____ weinst du denn?

■ Ich mache nicht mehr weiter _____ diesem unsinnigen Schönheitswettbewerb. Mein Vater hatte schon recht, als er mich _____ warnte. Was weiß ich schon _____ der Modewelt!

● Was dein Vater da sagt, hängt doch nur _____ zusammen, dass er altmodisch ist. Hör nicht auf ihn, Jasmin! _____ dir wird bestimmt mal ein ganz großes Model. Gib nicht auf!

■ So ein Quatsch! Siehst du denn nicht, wen sie _____ Disco-Queen gewählt haben? Diese lange Latte[3] mit dem großen Busen! Kein Wunder, die wirkt _____ die Jury[4] am besten!

● Komm Jasmin, das war doch dein erster Wettbewerb! Du wirst sehen, beim nächsten Mal gewinnst du sicher einen Titel!

■ Hier standen doch Dutzende zur Auswahl, die sehr viel besser aussehen als ich. Außerdem bin ich so nervös, dass ich ständig esse. Bei so viel Kalorien nehme ich bestimmt noch zu! Mein Vater hat einfach recht: Mir fehlt die Disziplin, um aufzusteigen. Und wahrscheinlich auch der Ehrgeiz[5]!

● _____ solche Vorwürfe solltest du dich wehren! Hör einfach nicht darauf, was dein Vater sagt. Konzentriere dich lieber auf deine Karriere! Ich weiß zwar nichts Genaues _____ die Supermodels, aber so manche von ihnen haben vielleicht auch einmal so angefangen.

■ Das ist alles nicht so leicht. Du glaubst gar nicht, wie viel Geld ich allein _____ Kosmetika zahle, um immer gut auszusehen!

● Ich würde dir ja gerne helfen, Jasmin, aber ich weiß wirklich nicht, wie!

■ Ist schon gut, dir kann ich wenigstens mein Herz ausschütten[6]. Das tut gut!

● Du weißt doch, dass du jederzeit _____ mich zählen kannst.

■ Ja natürlich!

● Kopf hoch, Jasmin. Es wird schon werden! Du wirst sehen!

[1] die Wimperntusche, -n : Farbe für die Haare, die um das Auge wachsen
[2] verschmiert : nicht mehr da, wo es sein soll; nicht mehr schön
[3] lange Latte : große, dünne Frau
[4] die Jury, -s : Gruppe, die beim Wettbewerb den Sieger bestimmt
[5] der Ehrgeiz : Wunsch, besonders gut zu sein
[6] sein Herz ausschütten : seine privaten Probleme besprechen

2 Liste der Verben nach Präposition & Übungen

als*

ansehen als A
arbeiten als N
benutzen als A
sich bewerben als N
bezeichnen als A
empfinden als A
dienen als N
gelten als N
verwenden als A

* als – Es handelt sich eigentlich um eine Konjunktion, die meistens in Vergleichen verwendet wird. Manchmal aber ist „als“ wie eine Präposition mit bestimmten Verben fest verbunden (z.B. Diese Straße gilt als gefährlich.) Daher wurden in diesem Buch einige Verben mit „als“ aufgenommen.

an

(sich) ändern an D
(sich) anpassen an A
arbeiten an D
(sich) beteiligen an D
denken an A
(sich) erinnern an A
erkennen an D
erkranken an D
es fehlt an D
sich freuen an D
gewinnen an D
(sich) gewöhnen an A
glauben an A
grenzen an A
sich halten an A
hindern an D
leiden an D
liegen an D
es mangelt an D
(sich) orientieren an D
sich rächen an D
scheitern an D
schicken an A
schreiben an A
senden an A
sterben an D
teilnehmen an D
verdienen an D
verlieren an A
vermieten an A
verteilen an A
sich wenden an A
zweifeln an D

auf

achten auf A
es kommt an auf A
antworten auf A
aufpassen auf A
sich auswirken auf A
basieren auf D
beruhen auf D
(sich) beschränken auf A
bestehen auf D
(sich) beziehen auf A
eingehen auf A
(sich) erhöhen auf A
sich freuen auf A
hinweisen auf A
hoffen auf A
hören auf A
(sich) konzentrieren auf A
reagieren auf A
sehen auf A
senken auf A
sinken auf A
sich spezialisieren auf A
steigen auf A
sich steigern auf A
sich verlassen auf A
sich verstehen auf A
vertrauen auf A
verzichten auf A
(sich) vorbereiten auf A
warten auf A
wirken auf A
zählen auf A

aus + D

ausschließen
aussteigen
ausziehen
bestehen
entstehen
sich ergeben
folgen
schließen
schlussfolgern
stammen
übersetzen
werden
(sich) zusammensetzen

bei + D

(sich) anmelden
anrufen
arbeiten
sich bedanken
sich beklagen
benutzen
sich beschweren
sich bewerben
sich einsetzen
(sich) entschuldigen
sich erkundigen
helfen
sich informieren
(sich) melden
mitmachen
überraschen

durch + A

auffallen
ersetzen
sich unterscheiden

für + A

arbeiten
ausgeben
sich bedanken
(sich) begeistern
benötigen
benutzen
bestrafen
bezahlen
brauchen
danken
demonstrieren
sich eignen
sich einsetzen
eintreten
sich engagieren
sich entscheiden
(sich) entschuldigen
garantieren
(sich) halten
(sich) interessieren
kämpfen
sich rächen
sein
sorgen
sparen
sprechen
stimmen
streiken
tun
verwenden
(sich) vorbereiten
werben
zahlen

gegen + A

demonstrieren
sich entscheiden
kämpfen
protestieren
(sich) richten
sein
spielen
sprechen
stimmen
streiken
tauschen
tun
unternehmen
verstoßen
(sich) verteidigen
sich wehren

in

eingreifen in A
sich einmischen in A
einsteigen in A
eintreten in A

einziehen in A
geraten in A
teilen in A
übersetzen in A
unterrichten in D
sich verlieben in A

mit + D

sich abfinden
anfangen
sich anfreunden
arbeiten
aufhören
sich auseinandersetzen
auskommen
sich befassen
beginnen
bekannt machen
(sich) beschäftigen
diskutieren
drohen
sich einigen
enden
fortfahren
handeln
(sich) identifizieren
kämpfen
konfrontieren
konkurrieren
meinen
rechnen
reden
schimpfen
(sich) schlagen
spielen
sprechen
(sich) streiten
tauschen
telefonieren
sich treffen
übereinstimmen
überraschen
umgehen
(sich) unterhalten
(sich) verabreden
verbinden
vereinbaren
vergleichen
verhandeln
sich verloben
versorgen
sich verstehen
verwechseln
weitermachen
zusammenhängen
zusammenstoßen

nach + D

aussehen
duften
sich erkundigen
forschen
fragen
greifen
ordnen
sich richten
riechen
rufen
schmecken
sich sehnen
stinken
streben
suchen
urteilen

über + A

sich ärgern
aufklären
sich aufregen
(sich) äußern
sich beklagen
berichten
sich beschweren
denken
diskutieren
erfahren
(sich) erschrecken
erzählen
sich freuen
herrschen
hören
(sich) informieren
klagen
lachen
nachdenken
reden

referieren
sagen
schimpfen
schreiben
schweigen
siegen
sprechen
staunen
(sich) streiten
sich unterhalten
(sich) unterrichten
urteilen
verfügen
verhandeln
weinen
wissen
sich wundern

um + A

abnehmen
sich bemühen
beneiden
sich bewerben
bitten
sich drehen
(sich) erhöhen
es geht
es handelt sich
kämpfen
sich kümmern
sich schlagen
senken
sinken
sich sorgen
spielen
steigen
sich steigern
(sich) streiten
trauern
weinen
werben
zunehmen

unter + D

leiden
verstehen

von + D

abhängen
ablenken
abraten
abschreiben
abstammen
ausgehen
sich ausruhen
(sich) befreien
berichten
sich distanzieren
(sich) entfernen
erfahren
sich erholen
(sich) ernähren
erwarten
erzählen
fordern
grüßen
halten
handeln
hören
kommen
leben
reden
sagen
schreiben
sprechen
träumen
(sich) trennen
überzeugen
(sich) unterscheiden
sich verabschieden
verstehen
wissen

vor + D

sich ängstigen
beschützen
(sich) erschrecken
fliehen
flüchten
sich fürchten
(sich) retten
sich schämen
(sich) schützen
(sich) verstecken
warnen

zu + D

(sich) anmelden
auffordern
(sich) äußern
beitragen
benötigen
benutzen
brauchen
dienen
sich eignen
einladen
sich entschließen
(sich) entwickeln
erziehen
führen
gehören
gelangen
gratulieren
kommen
machen
meinen
(sich) melden
neigen
passen
raten
sagen
schenken
überreden
sich verabreden
veranlassen
verurteilen
verwenden
wählen
werden
zählen
(sich) zwingen

zwischen + D

unterscheiden

36 **Ordnen Sie die Verben den Präpositionen „bei“ und „mit“ zu. Welche Verben passen in den jeweiligen Sack? Kreisen Sie die Verben mit „bei“ grün und die Verben mit „mit“ grau ein.**

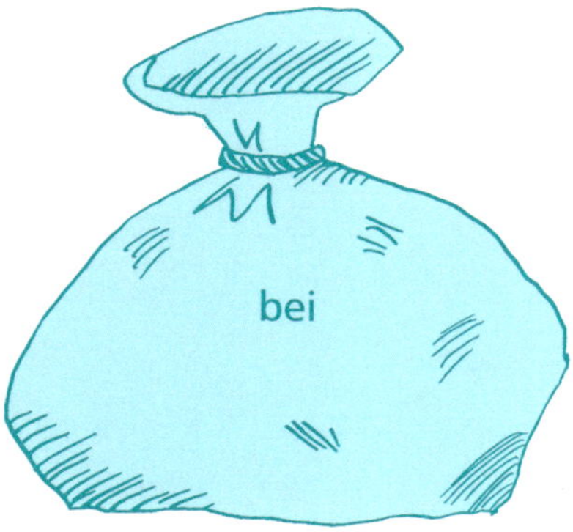

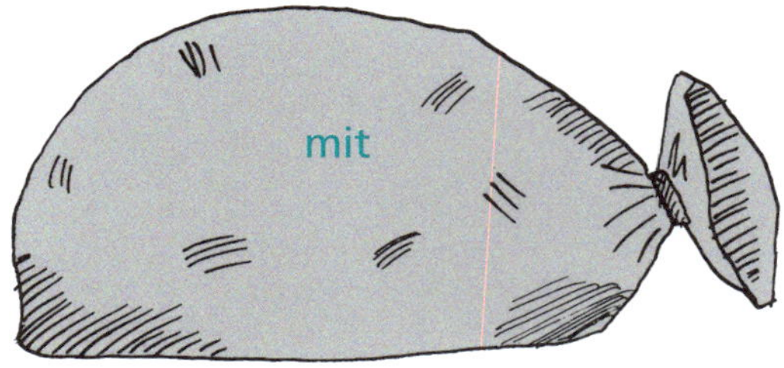

mitmachen · sich erkundigen · vereinbaren · verwechseln · sich bedanken · konfrontieren · sich bewerben · sich beklagen · anrufen · (sich) melden · bekannt machen · helfen · drohen · auskommen · telefonieren · (sich) anmelden · sich informieren · sich befassen

37 **Hier handelt es sich um Verben mit der Präposition „bei“. Kreuzen Sie das richtige Verb an.**

Die Klassenarbeit

Heute ist für Marcel ein schwerer Tag, denn in der zweiten Stunde schreibt er eine Mathearbeit. Die ganze Klasse hat sich schon letzte Woche bei der Mathelehrerin, Frau Link, (1) , weil sie die Klassenarbeit viel zu spät angekündigt hatte. Die Klasse hatte kaum Zeit, dafür zu lernen.
Marcel, der noch nie gut in Mathe war, (2) sich deshalb bei seinen Klassenkameraden, was er überhaupt lernen sollte. Er (3) bei seinen Freunden (3) und fragte sie, ob sie ihm bei der Klassenarbeit (4) würden. Nur Tom erklärte sich dazu bereit; alle anderen hatten Angst, erwischt zu werden und (5) sich bei Marcel dafür.

Nun sitzt Marcel also hinter Tom und wird versuchen, so viel wie möglich von ihm abzuschreiben. Wenn alles klappt, wird sich Marcel erkenntlich zeigen[1] und sich bei seinen Klassenkameraden dafür (6) , dass sie Tom zum Klassensprecher[2] wählen. Hauptsache, bei der Klassenarbeit läuft nichts schief. Natürlich wird er sich bei Tom (7) , das ist klar! Aber wenn die Zusammenarbeit nicht klappen sollte, wird er wohl bei der Klassenarbeit den Spickzettel[3] (8) müssen, den er zu Hause vorbereitet hat. Dabei darf ihn die Mathelehrerin nicht (9) , sonst …
Da kommt bereits Frau Link herein, Marcel ist furchtbar aufgeregt …

[1] sich erkenntlich zeigen : zeigen, dass man dankbar ist
[2] der Klassensprecher, - : von der Klasse gewählter Schüler, der die Interessen der Klasse vertritt
[3] der Spickzettel, - : Zettel, auf dem alles zu Lernende steht, um alles heimlich bei einem Test zu sehen

1 A eingesetzt
B beworben
C beschwert

2 A bewarb
B meldete
C erkundigte

3 A rief … an
B setzte … ein
C machte … mit

4 A melden
B helfen
C einsetzen

5 A arbeiteten
B entschuldigten
C bedankten

6 A einsetzen
B arbeiten
C informieren

7 A bedanken
B bewerben
C anrufen

8 A helfen
B benutzen
C überraschen

9 A mitmachen
B entschuldigen
C überraschen

38 Hier handelt es sich um Verben mit der Präposition „mit“. Kreisen Sie das richtige Verb ein.

Interview mit einem Spitzensportler

● Guten Tag, Herr Spitz!

■ Guten Tag!

● Erst einmal möchte ich Ihnen dafür danken, dass Sie uns einige Minuten Ihrer kostbaren Zeit schenken.

● Bitte sehr!

■ Herr Spitz, Sie sind dreifacher Olympiasieger, d.h. Sie haben bei den letzten Olympischen Spielen gleich drei Goldmedaillen gewonnen. Hatten Sie eigentlich mit so einem Erfolg gerechnet / überrascht?

● Ich habe mich schon immer mit dieser Sportart, also mit Leichtathletik identifiziert / geschlagen und mit aller Kraft dafür gestritten / gekämpft, nach vorne zu kommen. Aber einen Olympiasieg habe ich nie so richtig damit verbunden / versorgt.

■ Heißt das, dass Sie sich mehr zum Zeitvertreib mit Leichtathletik geeinigt / beschäftigt und nie einen internationalen Erfolg angestrebt[1] haben?

● Den Beruf sollte man eben nicht mit dem Hobby verwechseln / zusammenstoßen. Aber irgendwann passiert es dann doch und man muss mit Sportlern von internationalem Ruf[2] bekannt machen / konkurrieren und mit dem Sport aufhören / weitermachen, aber anders, auf anderer Ebene[3].

■ Können Sie uns sagen, wann Sie mit dem Leistungssport begonnen / geendet haben?

● Drei Jahre vor der letzten Olympiade. Ich weiß noch, wie mein Trainer lange mit mir darüber umging / diskutierte. Damals habe ich mich intensiv mit dem Thema „Leistungssport" angefreundet / auseinandergesetzt.

■ Zu der Zeit haben Sie auch für Werbeagenturen[4] gearbeitet. Man sah Sie oft im Fernsehen. Haben Sie das eigentlich aus finanziellen Gründen getan?

● Wissen Sie, ich war damals mit meiner jetzigen Frau verlobt / verbunden und wir standen kurz vor der Hochzeit. Wir brauchten damals Geld, um uns eine Existenz zu schaffen. Der Werbeagent hat mich - ehrlich gesagt - mit seinem Vorschlag überrascht / gedroht. Es kam alles völlig unerwartet und ich war anfangs gar nicht begeistert. Aber dann habe ich mich doch sehr schnell mit dem Gedanken bekannt gemacht / angefreundet, Werbespots zu machen. Zwei Tage lang habe ich mit dem Werbeagenten wegen des Honorars[5] verglichen / verhandelt und das war's dann! Ich habe mich mit ihm auf einen Betrag befassen / einigen können, der mir damals sehr verlockend[6] erschien.

■ Eine Frage noch zum Schluss, Herr Spitz, bevor Sie mit Ihrem Training reden / fortfahren. Man sagt, dass Sie sich besonders gut mit den anderen aus Ihrer Mannschaft verstehen / treffen und für gutes Klima vor Wettkämpfen sorgen.

● Was soll ich darauf antworten? Schließlich kennen wir uns lange und trainieren oft zusammen. Dann ist es nur natürlich, dass wir gut miteinander auskommen / vereinbaren.

■ In diesem Punkt wollen wir mit Ihnen übereinstimmen / enden und uns wünschen, dass sich viele ein Beispiel an Ihnen nehmen werden.
Vielen Dank für das Interview, Herr Spitz!

[1] anstreben : als Ziel haben
[2] der Ruf : das Image
[3] die Ebene, -n : das Niveau
[4] die Werbeagentur, -en : die Werbefirma
[5] das Honorar, -e : das für eine Arbeit gezahlte Geld
[6] verlockend : interessant

39 **Ordnen Sie die Verben den Präpositionen „aus“ und „von“ zu. Welche Verben passen in den jeweiligen Koffer? Kreisen Sie die Verben mit „aus“ grün und die Verben mit „von“ grau ein.**

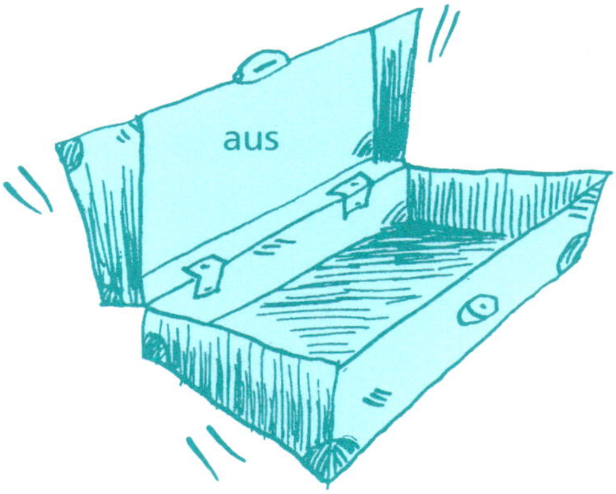

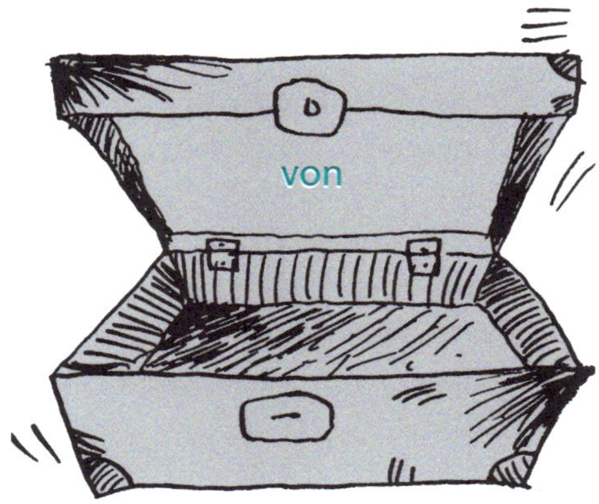

bestehen · sich zusammensetzen · abstammen · sprechen · stammen · schlussfolgern · abraten · träumen · sich ergeben · erwarten · sich unterscheiden · sich distanzieren · übersetzen

40 **Hier handelt es sich um Verben mit den Präpositionen „aus“ und „als“. Ergänzen Sie die passenden Verben in der richtigen Form.**

In der Kantine

- ● Ist der Platz neben Ihnen frei?
- ■ Bitte, setzen Sie sich!
- ● Mein Name ist Netzer. Lukas Netzer.
- ■ Angenehm, Katharina Lättgen!
- ● Sind Sie neu hier? Ich habe Sie ja noch nie gesehen.
- ■ Ja, ich __________ seit 3 Tagen als Innenarchitektin in der Design-Abteilung.
- ● Ach, ja! Ich hatte auch gehört, dass für die Abteilung jemand gesucht wurde. Darf ich fragen, woher Sie kommen?
- ■ Ich komme aus Westfalen und bin erst vor zwei Wochen aus meiner alten Wohnung in Gütersloh __________, um hier diese Stelle anzutreten.
- ● Heißt das, dass Sie noch keine eigene Wohnung haben?

■ Genau, ich wohne noch bei einer Freundin, allerdings ist es sehr eng bei ihr. Wissen Sie, die Wohnung __________ nur aus einem Zimmer, Küche und Bad. Ich kann dort also nicht lange wohnen bleiben. Hoffentlich __________ bald etwas aus dieser unendlichen Wohnungssuche!

● Ich kann mich ja mal umhören, wenn Sie wollen!

■ Das ist nett von Ihnen! Danke!

● Nichts zu danken! Ich __________ es als meine Pflicht __________, neuen Kolleginnen und Kollegen behilflich zu sein.

■ Sehr freundlich von Ihnen, Herr Netzer! Aber darf ich Sie etwas fragen?

● Ich bitte darum!

■ Warum trinken Sie Ihr Bier aus der Flasche?

● Weil Sie die ganze Zeit mein Glas als Aschenbecher[1] __________, meine Liebe!!!

[1] der Aschenbecher, - : Schale für die Reste einer Zigarette

41 Hier handelt es sich um Verben mit der Präposition „von". Ergänzen Sie die Verben in der richtigen Form.

abhängen, verabschieden, erholen, träumen, erfahren, überzeugen, erwarten, befreien, ausruhen, ablenken, erzählen, abstammen, ernähren, grüßen, entfernen, abschreiben

Der Studienrat

Herr Dr. Krahforst ist Studienrat am Landrat-Lucas-Gymnasium und unterrichtet Physik, Chemie und Biologie. Von seinen Schülerinnen und Schülern hat er den Spitznamen „Vegetarier" bekommen, da er sich ausschließlich von Gemüse und Obst __________.
Sein Verhältnis zu den Jugendlichen bezeichnet er als „sehr gut". Wer jedoch während seines Unterrichts am Klassenzimmer vorbeigeht, wird denken, dass diese Schülerinnen und Schüler von irgendwelchen wilden Tieren __________, so laut ist es.
Mit anderen Worten: Herr Dr. Krahforst kann nur im Schlaf von einer ruhigen Klasse __________, denn er ist einfach nicht in der Lage, sich im Unterricht durchzusetzen[1].
Das Kollegium ist inzwischen davon __________, dass er sich nicht zum Lehrer eignet, obwohl sie es anfangs nicht von ihm __________ hatten.
Bald wird wohl auch die Schulleitung davon __________, was in seinen Klassen los ist.
Verschiedene Schüler __________ davon, dass man sich mit den Beinen auf dem Tisch vom anstrengenden Unterricht __________, ohne Hemmungen[2] Chips isst und sich ohne Erlaubnis vom Unterricht __________.
In der Regel __________ der Unterricht von den unruhigsten Schülern __________. Wenn diese zu müde sind, um Blödsinn zu treiben, heißt das nicht etwa, dass sie aufpassen. Aber zumindest __________ sie dann nicht die anderen vom Unterricht __________: Sie schlafen einfach oder lassen sich vom Unterricht

__________. Wenn sie zwischendurch wieder hereinkommen, ohne an die Tür geklopft zu haben, __________ sie Herrn Dr. Krahforst von dem einen oder anderen Kollegen, der angeblich[3] draußen vor der Tür steht. Dann kriegt Herr Dr. Krahforst immer einen roten Kopf und sagt: „__________ bitte die Formeln von der Tafel __________!"
Am Ende jeder Stunde __________ sich die Schülerinnen und Schüler besonders höflich und Herr Dr. Krahforst ist mit sich und der Welt zufrieden. In den Sommerferien __________ er sich von seiner Arbeit, denn das neue Schuljahr kommt bestimmt.

[1] sich durchsetzen : erreichen, dass alle machen, was man will
[2] die Hemmungen (Pl.) : innere Unsicherheit
[3] angeblich : was nicht bestätigt wurde

42 **Ordnen Sie die Verben den Präpositionen „nach" und „zu" zu. Welche Verben passen in das jeweilige Mäppchen? Kreisen Sie die Verben mit „nach" grün und die Verben mit „zu" grau ein.**

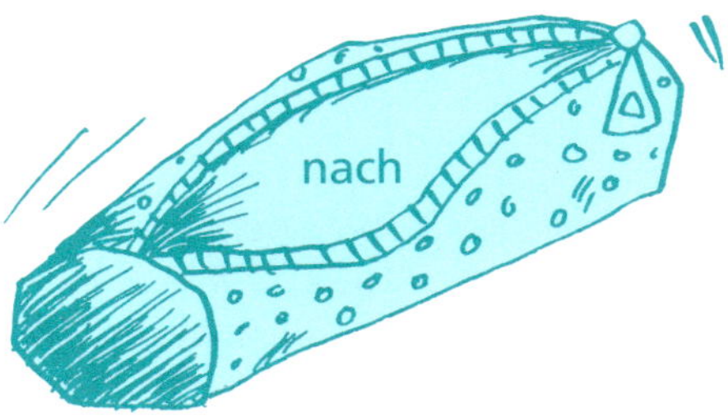

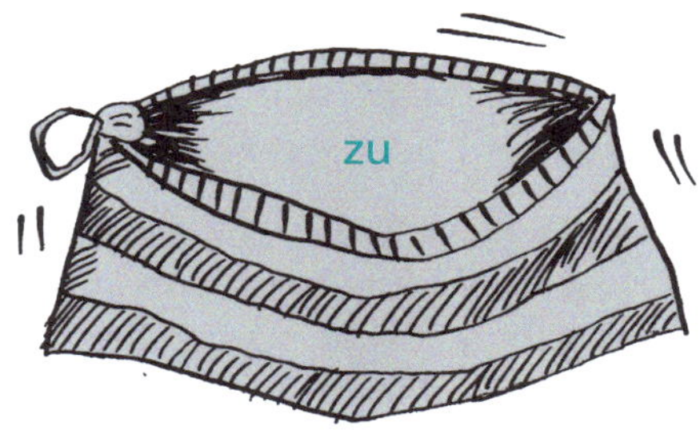

sich sehnen (eingekreist) – suchen – veranlassen – wählen – aussehen – streben – gehören – sich verabreden – sich richten – führen – überreden – (sich) anmelden – neigen – sich erkundigen – benötigen

43 **Hier handelt es sich um Verben mit der Präposition „nach". Ergänzen Sie die passenden Verben in der richtigen Form.**

Die erste Zigarette

Franziska ist 17 Jahre alt und __________ sich immer danach, was ihre Clique tut und sagt. Sie __________ nie nach dem Grund und verlangt auch keine Erklärungen. Wenn die Clique z.B. abends in einer Kneipe etwas trinken will, geht Franziska mit, auch wenn es dort nach Zigarettenqualm[1] __________ und die Getränke nach Spülmittel[2] __________. Die anderen trinken dann jedes Mal Bier und rauchen Zigaretten, aber Franziska langweilt sich fürchterlich.
Heute will sie ihre erste Zigarette rauchen, um das Gefühl zu haben, richtig dazuzugehören. Sie __________ nach Saras Schachtel, nimmt sich eine Zigarette

heraus und zündet sie umständlich an[3]. Ruhig versucht sie, den Rauch einzuatmen, schafft es aber nicht gleich und fängt an zu husten. Sara klopft ihr auf den Rücken und __________ sich lächelnd danach, ob es ihr gut gehe. Franziska holt Luft und trinkt schnell etwas Wasser. „Das ist meine erste Zigarette", sagt sie entschuldigend. „Danach __________ du auch __________!" sagt einer aus der Clique und alle lachen.

Franziska findet das alles gar nicht so komisch. Sie __________ sich nach ihrem sauberen, ruhigen Zimmer, wo sie keiner sehen kann und wo es nach Lavendel[4] __________. Aber das darf sie jetzt natürlich nicht zugeben, also versucht sie mitzulachen. Gleichzeitig aber __________ sie in ihrer Tasche nach einem Kaugummi ...

[1] der Zigarettenqualm : der Rauch von Zigaretten
[2] das Spülmittel, - : Mittel, um Geschirr zu spülen
[3] anzünden : zum Brennen bringen
[4] der Lavendel : gut riechende, lila blühende Pflanze

44 Hier handelt es sich um Verben mit der Präposition „zu". Kreuzen Sie das richtige Verb an.

Eine Schüleraktion für Obdachlose[1]

- ● Heute ist der letzte Schultag vor den Weihnachtsferien und wir haben zwei Jugendliche, die auf das Freiherr-vom-Stein-Gymnasium gehen, hier bei uns im Studio. Hallo, Lena und Jan! Erst einmal danke schön, dass ihr gekommen seid. Ihr habt ein „Adventsfest" organisiert, dessen Erlös[2] dazu (1) wird, Obdachlosen in unserer Stadt zu helfen. Ich möchte euch zu dieser Aktion (2) . Vielleicht (3) ihr ein paar Einzelheiten dazu!
- ■ Guten Tag! Wir heißen Jan Schmidt und Lena Burchardt und sind Mitglieder der SMV. Schon seit zwei Jahren engagieren wir uns persönlich für die Obdachlosen und das hat zu dieser Aktion (4) . Jan und ich haben uns schon des Öfteren bei der Stadt zu verschiedenen Aufrufen[3] wie „Hilf deinem Nächsten" (5) und auch Freundinnen und Freunde dazu (6) mitzumachen. Viele wollten anfangs nicht, aber schließlich haben wir sie dazu (7) können. Und jetzt machen sie richtig gern mit.
- ● Was habt ihr da genau gemacht?
- ■ Wir (8) zu den jüngeren dieser Aktion, deshalb war es auch einfacher, Kontakt zu den Obdachlosen aufzunehmen. Wir haben mit ihnen gesprochen und „Überlebenspakete[4]" für die kalten Winternächte an sie verteilt. So sind wir auch auf die Idee gekommen, das zu einer Schulaktion zu (9) .
- ● (10) auch Lehrerinnen und Lehrer zu dieser Gruppe oder nur Schülerinnen und Schüler?
- ■ Einige Lehrerinnen und Lehrer haben durch ihre Hilfe sehr zum Erfolg dieser Aktion (11) . Die ganze Schule war zum Fest (12) und es sind auch fast alle gekommen.
- ● Was gab es auf diesem Fest?
- ■ Der Schulhof (13) sich sehr zum Spielen, also haben wir verschiedene Stände aufgebaut, so ähnlich wie auf der Kirmes[5]. Beim Dosenwerfen[6] musste man z.B. 25 Cent pro Wurf zahlen. Wir haben auch einige Klassenräume dazu (14) .
- ● Wie viel Geld ist dabei zusammengekommen?
- ■ Eine Menge, insgesamt 486,- Euro!
- ● Und wie (15) das Geld jetzt zu den Obdachlosen?

■ Die Obdachlosen (16) warme Kleidung zum Überwintern, also haben wir dicke Pullover und Wolljacken gekauft und sie ihnen dann (17) – sozusagen zu Weihnachten. Sie sind ja dazu (18), das Weihnachtsfest allein zu verbringen und sind gerade an diesen Tagen sehr traurig. Durch unsere Aktion versuchen wir, sie ein bisschen fröhlicher zu stimmen.

● Lena, Jan, vielen Dank, dass ihr gekommen seid! Vielleicht (19) sich auch einige von unseren Hörerinnen und Hörern nach diesem Interview dazu, an ähnlichen Aktionen teilzunehmen oder einfach Geld für die Obdachlosen zu spenden. Gleichzeitig wollen wir aber auch mit diesem Interview unsere Stadt dazu (20), mehr für diese Menschen zu tun!

[1] der Obdachlose, -n : Mensch ohne Wohnung oder Haus
[2] der Erlös, -e : der Gewinn
[3] der Aufruf, -e : die Aufforderung
[4] das Überlebenspaket, -e : Paket mit wichtigen Dingen für den Alltag
[5] die Kirmes, -sen : das Volksfest
[6] das Dosenwerfen : Spiel, bei dem man mit dem Ball Dosen treffen und umwerfen muss

1 A angemeldet
B verurteilt
C verwendet

2 A gratulieren
B wählen
C raten

3 A äußert
B sagt
C meint

4 A geführt
B überredet
C gezwungen

5 A gemeldet
B geeignet
C entwickelt

6 A gezählt
B verabredet
C aufgefordert

7 A überreden
B veranlassen
C verurteilen

8 A erziehen
B zählen
C dienen

9 A machen
B passen
C werden

10 A führen
B gehören
C machen

11 A gemeint
B beigetragen
C gewählt

12 A eingeladen
B erzogen
C gratuliert

13 A eignet
B entwickelt
C zwingt

14 A gepasst
B überredet
C benutzt

15 A gehört
B neigt
C gelangt

16 A äußern
B werden
C brauchen

17 A geschenkt
B gratuliert
C gekommen

18 A geführt
B gewählt
C verurteilt

19 A kommen
B entschließen
C gelangen

20 A veranlassen
B entschließen
C überreden

45 **Ordnen Sie die Verben den Präpositionen „zu" und „in" zu. Welche Verben passen in die jeweilige Kanne? Kreisen Sie die Verben mit „zu" grün und die Verben mit „in" grau ein.**

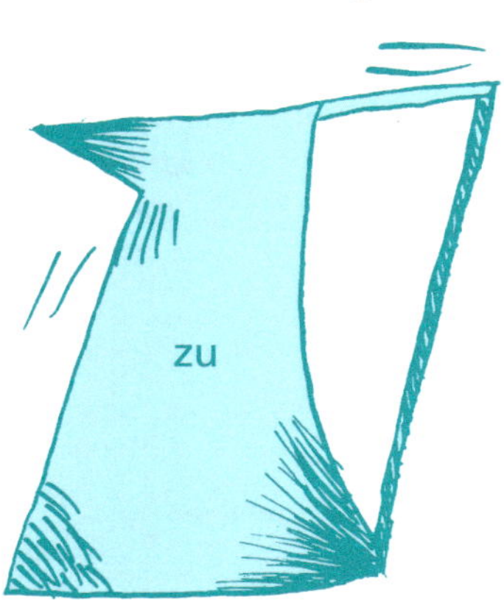

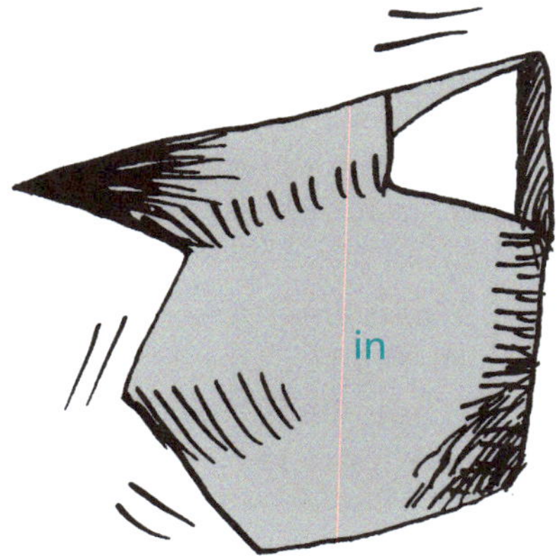

(sich) zwingen · sich verlieben · sich eignen · eingreifen · teilen · geraten · einsteigen · werden · überreden · einziehen · zählen · brauchen · veranlassen · verurteilen · sich einmischen · gratulieren · unterrichten · übersetzen · auffordern · gelangen

46 **Hier handelt es sich um Verben mit den Präpositionen „gegen" und „in". Kreisen Sie das richtige Verb ein.**

Politik und Ökologie

In den letzten zwei Jahrzehnten hat das Umweltbewusstsein der deutschen Bevölkerung stark zugenommen. Seitdem geht die Zahl der Personen, die gegen Gesetze verstoßen / demonstrieren und der Umwelt schaden, beständig zurück. Viele schließen sich zu Bürgerinitiativen[1] zusammen. Andere ziehen / treten in Vereine für Umweltschutz ein, um aktiv ins Geschehen[2] unterrichten / eingreifen zu können. Ihr Ziel ist es, etwas gegen die zunehmende Umweltverschmutzung zu unternehmen / richten, indem sie z.B. auf die Straße gehen und dagegen demonstrieren / stimmen.

So mancher steigt / mischt in die Politik ein und versucht über eine ökologische Partei in den Landtag oder sogar in den Bundestag einzuziehen / zu geraten.

Natürlich sind nicht alle dafür geeignet, sich in die Politik einzugreifen / einzumischen, aber es hat sich gezeigt, dass aus den radikalen Umweltschutzbewegungen viele fähige Personen hervorgegangen sind. Sowohl Menschen, die gegen Atomkraft sind, als auch Personen mit pazifistischen Tendenzen[3] engagieren sich politisch und haben schon viel gegen die Umweltzerstörung gesprochen / getan.

Der Protest aus diesen alternativen Parteien richtet / verteidigt sich oft gegen die konventionellen[4] Parteien, die ihrer Meinung nach zu wenig für den Umweltschutz tun.

Die alternativen Gruppierungen setzen sich nicht nur für die Wiederverwertung von Müll oder die Abschaffung von Kernkraftwerken ein, sondern tun / protestieren auch gegen die Ausrottung[5] bestimmter Tierarten. Organisationen wie Greenpeace und WWF haben sich den Tierschutz zum Ziel gesetzt. Sie verteidigen / wehren die aussterbenden Tierarten gegen die Angriffe rücksichtsloser Pelztierjäger und organisieren Kampagnen für die Erhaltung der Wale[6]. Allerdings sind diese Organisationen auf Spenden angewiesen, ohne die sie in finanzielle Schwierigkeiten geraten / teilen würden.

[1] die Bürgerinitiative, -n : Gruppe von Bürgern mit dem Ziel, etwas Bestimmtes zu erreichen
[2] das Geschehen : die Ereignisse (Pl.), die Entwicklung
[3] pazifistische Tendenz : politische Richtung, die für den Frieden ist
[4] konventionell : seit Langem bestehend
[5] die Ausrottung : das Töten aller Tiere
[6] der Wal, -e : größtes Tier im Meer

47 **Ordnen Sie die Verben den Präpositionen „um" und „für" zu. Welche Verben passen an die jeweilige Tafel? Kreisen Sie die Verben mit „um" grün und die Verben mit „für" grau ein.**

es handelt sich · sich bedanken · (sich) begeistern · sich schlagen

sinken · demonstrieren · sich drehen · sich bewerben

sich bemühen · (sich) streiten · sorgen · sich einsetzen · sich sorgen

danken · (sich) halten · sich engagieren · sich kümmern

48 **Hier handelt es sich um Verben mit der Präposition „um". Ergänzen Sie die passenden Verben in der richtigen Form.**

Rockstar Boy David

Rockstars gibt es jede Menge[1], doch seit zwei Jahren __________ sich alles um Boy David: Er steht im Mittelpunkt des Interesses und alle Mädchen sind ganz verrückt nach ihm. Einmal ist es nach einem Konzert sogar zu einer Prügelei gekommen: Die Mädchen __________ sich um die T-Shirts, die an die Fans verteilt wurden. Aber so sehr ihm die Mädchen auch hinterherlaufen, seine heiße Liebe ist Jennifer. Alle __________ sie um diesen Superboy und sie würden alles darum geben[2], um mit ihr zu tauschen.

Mit seinem neuen Album ist Boys Beliebtheit um das Doppelte __________ und auch seine Konzerte sind immer ausverkauft. Doch wie alle Rockstars hat auch Boy David seine Schwächen. Bei ihm __________ es allerdings weder um Alkohol noch um Drogen. Er liebt das Kasino über alles und __________ dort um viel Geld. Ein ganzes Vermögen[3] hat er schon verspielt. Jennifer __________ ihn jedes Mal darum, nicht wieder ins Kasino zu gehen, aber Boy David __________ sich nicht darum, was sie sagt.

Jennifer hat es aufgegeben, sich mit ihm zu streiten, denn nach dem letzten Krach hat Boy David mit seinem Sportwagen einen schweren Unfall gebaut, der ihm beinahe das Leben gekostet hätte. Seine Fans – vor allem die weiblichen – hätten sicher sehr um ihn __________ und __________, wenn ihm etwas passiert wäre. Lange wird Jennifer das alles wohl nicht mehr mitmachen. Außerdem warten ja genug andere Mädchen, die um seine Gunst[4] __________ und sich gern um den „Problemfall" Boy David __________ würden.

[1] jede Menge : sehr viele
[2] alles darum geben : alles dafür tun
[3] ein ganzes Vermögen : sehr viel Geld
[4] die Gunst : die gute Meinung über jdn.

49 Hier handelt es sich um Verben mit der Präposition „für". Kreuzen Sie das richtige Verb an.

Wer geht einkaufen?

● Philipp, sei doch bitte so lieb und lauf mal eben schnell zum Supermarkt. Ich (1) nämlich noch ein paar Sachen für das Abendessen.

■ Och, Mama, im Fernsehen läuft gerade so ein tolles Spiel und Daniel (2) sich ohnehin nicht für Fußball. Soll er doch mal etwas für dich (3) .

● Das hat man davon, wenn man den ganzen Tag für euch (4) ! In eurem Alter habe ich immer alles für das Abendessen (5) , ohne dass meine Eltern mich darum bitten mussten.

■ Aber Mama, so war das doch gar nicht gemeint! Ich wollte nur damit sagen, dass Daniel sich auch ganz gut für Botendienste[1] und Einkäufe (6) .

● Also Daniel, sei bitte so lieb und hol mir ein paar Sachen vom Supermarkt, bitte!

□ Wofür (7) du mich eigentlich? Ich bin doch nicht Mädchen für alles, abgesehen davon, habe ich heute ganz viele Hausaufgaben auf und Philipp sitzt sowieso nur vor dem Fernseher und verblödet.

■ Selber blöd!

● Ihr werdet gleich beide für euer unverschämtes Benehmen (8) , dass ihr's wisst!

■ Schon wieder diese Leier[2]! Ist schon gut, ich gehe ja! Wo ist der Einkaufszettel? Was, die paar Sachen brauchst du nur?

● Ja, hier hast du auch einen Hundert-Euro-Schein.

■ Für nur zwei Sachen soll ich jetzt auch noch mit einem Hundert-Euro-Schein (9) ?!? Die Kassiererin guckt mich bestimmt schief an[3]!

● Also, dafür werde ich mich bei ihr ja wohl nicht (10) müssen, denn schließlich sind wir Stammkunden[4]!

[1] der Botendienst, -e : Erledigung für jdn.
[2] schon wieder diese Leier : schon wieder sagst du dasselbe
[3] jdn. schief angucken : jdn. mit Misstrauen ansehen
[4] der Stammkunde, -n : Kunde, der oft in demselben Geschäft einkauft

1 A benutze
B verwende
C brauche

2 A interessiert
B entscheidet
C rächt

3 A sein
B tun
C kämpfen

4 A arbeitet
B wirbt
C eintritt

5 A ausgegeben
B eingesetzt
C vorbereitet

6 A eignet
B begeistert
C entscheidet

7 A hältst
B dankst
C sprichst

8 A gearbeitet
B bestraft
C demonstriert

9 A bezahlen
B ausgeben
C sparen

10 A bedanken
B sorgen
C entschuldigen

50 **Ordnen Sie die Verben den Präpositionen „über" und „auf" zu. Welche Verben passen in den jeweiligen Sack? Kreisen Sie die Verben mit „über" grün und die Verben mit „auf" grau ein.**

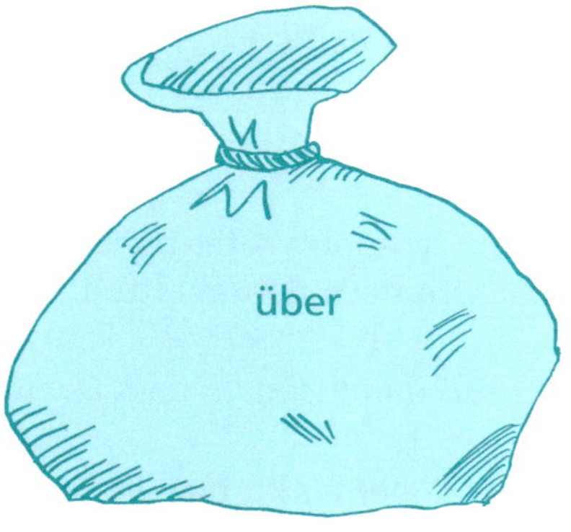

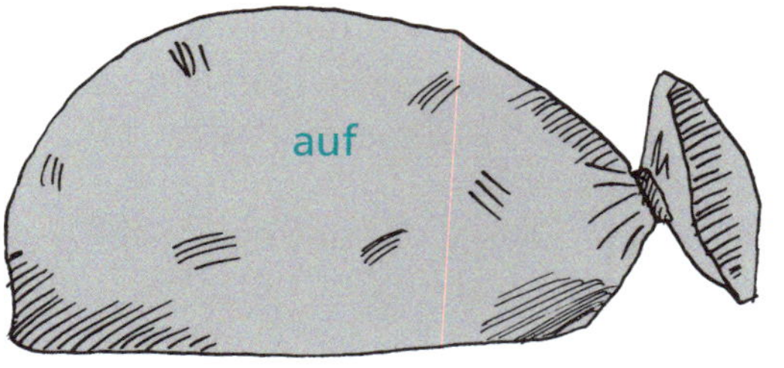

(sich) informieren · bestehen · (sich) beziehen · sich verlassen · lachen · verfügen · hinweisen · herrschen · sich wundern · verzichten · (sich) konzentrieren · nachdenken · eingehen · basieren · denken

51 **Hier handelt es sich um Verben mit der Präposition „auf". Kreuzen Sie das richtige Verb an.**

Ausbildungsplatz Universität

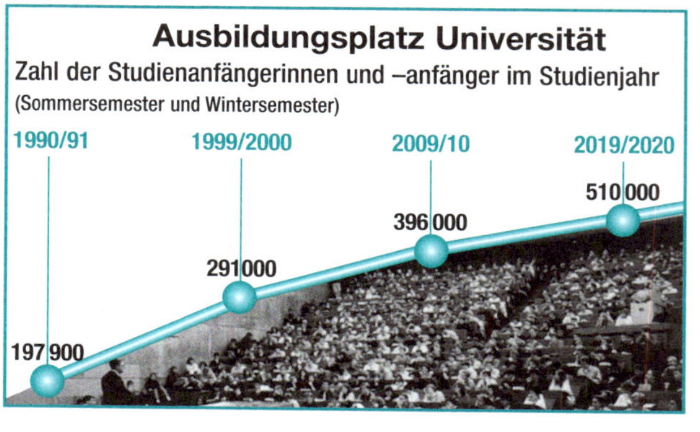

Die Zahl der Studienanfängerinnen und -anfänger ist in den letzten Jahrzehnten auf mehr als 500 000 (1) . Das (2) darauf, dass immer mehr junge Leute einen Studienplatz anstreben[1]. Viele begnügen sich schon lange nicht mehr damit, eine Lehre zu machen, sondern (3) sich darauf, gute Noten im Abitur zu bekommen, um später studieren zu können.

Diese Tendenz[2] (4) sich wiederum negativ auf die Hochschulen (4) , deren Kapazität[3] bei Weitem nicht mehr für den großen Andrang[4] ausreicht. Nur wenn die Zahl der Studierenden auf die Hälfte (5) würde, könnte sich die Situation an den Universitäten verbessern.

Auch das Problem der Arbeitslosen mit akademischer Ausbildung ist nicht zuletzt durch das Überangebot an Absolventen entstanden. Trotzdem (6) immer noch viele Studienanfängerinnen und -anfänger darauf, nach abgeschlossenem Studium einen entsprechenden Arbeitsplatz zu bekommen, indem sie sich auf ein bestimmtes Gebiet ihrer Fachrichtung (7) .

[1] anstreben : haben wollen
[2] die Tendenz, -en : die Richtung
[3] die Kapazität, -en : Möglichkeit, etw. oder jdn. aufzunehmen
[4] der Andrang : die große Nachfrage

1 A erhöht
B gestiegen
C gesteigert

2 A beruht
B wirkt
C besteht

3 A konzentrieren
B verzichten
C reagieren

4 A weist … hin
B bereitet … vor
C wirkt … aus

5 A sinken
B senken
C verzichten

6 A sehen
B hoffen
C hören

7 A steigern
B spezialisieren
C auswirken

52 Hier handelt es sich um Verben mit der Präposition „über". Ergänzen Sie die Verben in der richtigen Form.

weinen · aufklären · nachdenken · verfügen · urteilen · wissen · beklagen · erschrecken · wundern · aufregen · hören · informieren · freuen

Der Ferienjob

In drei Wochen beginnen die Sommerferien. Tim ______ schon lange darüber ______, in den Ferien zu jobben. Er hat schon einiges von Mitschülern über Ferienjobs ______ und ______ sich jedes Mal darüber, dass man so viel Geld dabei verdienen kann. Tims Eltern ______ sich nämlich ständig darüber, dass er viel Geld ausgibt. Über diesen Kommentar hat er sich schon oft genug ______. Deshalb will er zumindest in den Sommerferien über sein eigenes Geld ______ können. Seine Eltern ______ allerdings nicht über seine Pläne Bescheid.

Doch wie findet man einen Ferienjob? Tim sucht im Internet, um sich über die Angebote zu ______. Da er keinerlei Erfahrung hat, kann er nicht darüber ______, welcher Job gut ist und welcher nicht. Also fragt er seinen Freund Niklas. Dieser ______ ihn erst einmal darüber ______, was er beachten muss und sucht ihm gleich die Jobangebote heraus, die in Frage kommen. „So, und da rufst du jetzt an! Deine Stimme muss sich selbstbewusst anhören, so als hättest du schon oft gearbeitet."

Tim ______ zwar beim ersten Anruf etwas über die Männerstimme am anderen Ende der Leitung, aber andererseits ______ er sich darüber, endlich auf ein Jobangebot zu antworten. Der erste Tag verläuft erfolglos, alle Stellen sind schon längst vergeben! Tim ist völlig verzweifelt, am liebsten würde er über diesen Misserfolg ______. „Ja glaubst du denn, dass das so einfach ist? Auch ich habe eine ganze Woche gebraucht, bevor ich etwas gefunden hatte!", so sein Freund Niklas. Nur Mut also, Tim!!!

53 **Ordnen Sie die Verben den Präpositionen „vor" und „von" zu. Welche Verben passen in den jeweiligen Kasten? Kreisen Sie die Verben mit „vor" grün und die Verben mit „von" grau ein.**

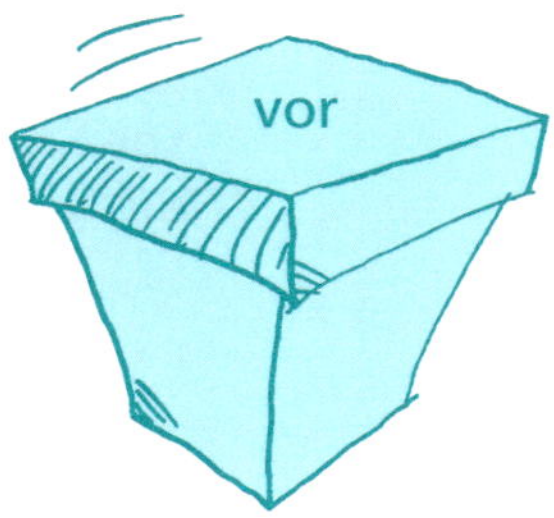

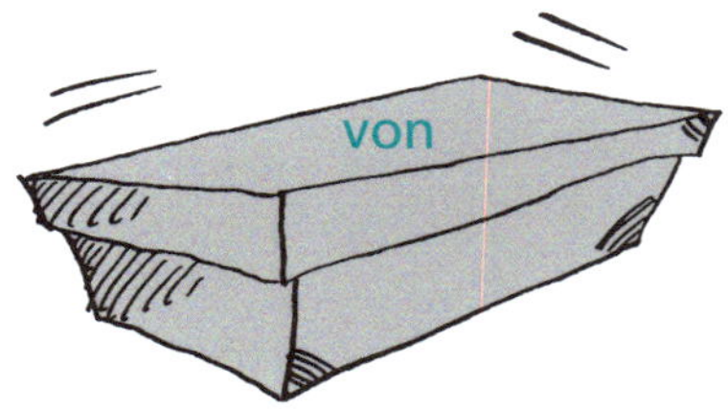

fliehen · warnen · fordern · (sich) retten · flüchten · (sich) befreien · kommen · sich fürchten · sich distanzieren · ablenken · erwarten · sich schämen · sich erholen · beschützen · leben · grüßen · (sich) erschrecken · (sich) verstecken

54 **Hier handelt es sich um Verben mit den Präpositionen „unter" und „vor". Kreisen Sie das richtige Verb ein.**

Von Räubern und Gendarmen[1]

Wer schämt / fürchtet sich nicht vor Dieben und Einbrechern? Man hört ja auch immer öfter, dass bei Bekannten eingebrochen wurde, deren Unglück dann in allen Einzelheiten beschrieben wird. Jonas Geschichte ist allerdings die ungewöhnlichste von allen, wie immer! Nur ihm passieren so merkwürdige Dinge! Alle lachen über Jonas, der darunter leidet / erschrickt, aber zurück zur Geschichte:
Eines Tages kam er – wie jeden Abend zur gleichen Zeit – von der Arbeit nach Hause. Er schloss die Haustür auf und blieb erschrocken stehen. Im Wohnzimmer lagen Bücher und Papiere verstreut[2] auf dem Boden. Es herrschte ein heilloses Durcheinander!
„Oh Gott! Hier ist ein Einbrecher!", dachte er sofort. Und obwohl er keinen Einbrecher sah, schützte / versteckte er sich vor ihm hinter der Tür. Nach ein paar Sekunden überlegte er, dass der Einbrecher ihn beobachten könnte und er schämte / warnte sich vor ihm; er spürte, wie er rot wurde. Schließlich sollte der Einbrecher nicht denken, dass Jonas sich vor ihm flüchtete / ängstigte. Also schlich er auf Zehenspitzen[3] wieder ins Wohnzimmer.

Ihm kam der Gedanke, dass der Einbrecher eine Pistole haben könnte. Wie sollte er sich dann vor ihm retten / fürchten? Jonas hatte auf einmal große Angst.
Sein Freund Nico hatte ihn schon mehrmals vor der Gefahr gewarnt / beschützt, dass jemand ohne Weiteres über den Balkon in die Wohnung kommen könne und Jonas sah nun, dass Nico recht hatte. Aber jetzt war es zu spät.
Da hörte er ein Geräusch aus dem Schlafzimmer. Er nahm in aller Eile eine Stehlampe, mit der er den Einbrecher schlagen würde, und stellte sich hinter die Schlafzimmertür. Warum sollte er vor ihm beschützen / fliehen, wenn er ihn genauso gut festnehmen konnte? Mit der Stehlampe in den Händen stand er bereit.
Plötzlich sprang Hasso, der Schäferhund von der Nachbarsfamilie, aus dem Schlafzimmer. Jonas erschrak / floh ganz gewaltig[4] vor dem Hund. Er hatte ihn seit gestern bei sich zu Hause, weil Schröders für eine Woche in Urlaub waren. Und die Wohnzimmertür zum Balkon hatte er heute früh absichtlich[5] wegen dem Hund aufgelassen. Wie hatte er das nur vergessen können?

[1] Räuber und Gendarme : Diebe und Polizisten
[2] verstreut : verteilt
[3] auf Zehenspitzen schleichen : sehr leise gehen
[4] ganz gewaltig : sehr stark
[5] absichtlich : gewollt

55 Ordnen Sie die Verben den Präpositionen „an" und „auf" zu. Welche Verben passen in den jeweiligen Schrank? Kreisen Sie die Verben mit „an" grün und die Verben mit „auf" grau ein.

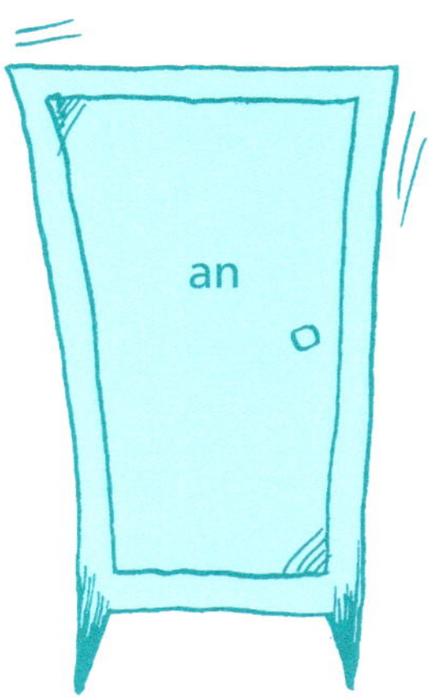

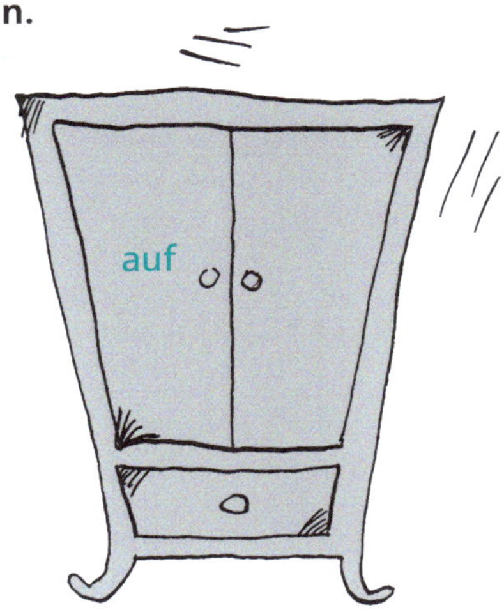

zweifeln (sich) anpassen achten aufpassen sich orientieren
hinweisen wirken sich spezialisieren teilnehmen
grenzen hindern erkennen
sich auswirken
(sich) ändern bestehen basieren
(sich) konzentrieren sich halten eingehen

56 **Ordnen Sie die Verben der Präposition „an + Dativ" bzw. „an + Akkusativ" zu. Welche Verben passen in die jeweilige Schublade? Kreisen Sie die Verben mit „an + Dativ" grün und die Verben mit „an + Akkusativ" grau ein.**

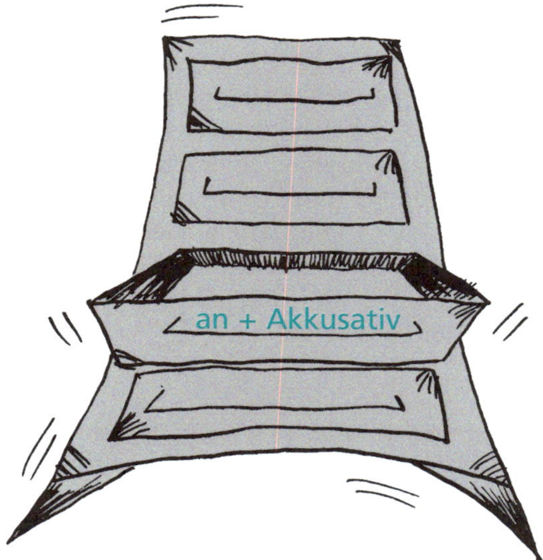

zweifeln · liegen · (sich) anpassen · grenzen · sterben · fehlen · vermieten · glauben · sich rächen · (sich) erinnern · scheitern · senden · sich wenden · erkennen · teilnehmen · (sich) gewöhnen · denken

57 **Hier handelt es sich um Verben mit der Präposition „an". Ergänzen Sie die Verben in der richtigen Form.**

beteiligen · gewöhnen · leiden · denken · halten · wenden · fehlen · gewinnen · erinnern · schreiben · zweifeln · verlieren · scheitern · teilnehmen · hindern · liegen · arbeiten

Das Forschungsprojekt

Florian ______ seit einiger Zeit an einem Forschungsprojekt. Er ______ sich dabei an die vorgegebenen Richtlinien[1] und ______ sich an Professor Willmer, wenn er Fragen hat. Es ______ ihm natürlich an Erfahrungen, denn es ist das erste Mal, dass er sich mit so einem großen Projekt befasst.

Als er von diesem Forschungsprojekt erfuhr, ______ er sofort an die zuständige Adresse und erklärte, dass er gern daran ______ würde. Anfangs ______ er daran, ob er überhaupt in Frage kommt, aber schließlich wurde er doch ausgewählt.

Er kann sich noch gut daran __________, wie aufgeregt er an dem Tag war, als er zu einem Vorstellungsgespräch eingeladen wurde; das __________ einzig und allein daran, dass er kein Selbstvertrauen[2] hatte. Doch seine Nervosität __________ ihn nicht daran, sehr gut abzuschneiden[3] und unter vielen ausgewählt zu werden. Zusammen mit drei anderen Studenten seiner Fakultät[4] ist er jetzt an diesem Projekt __________.

Er hat sich mittlerweile an die Arbeit __________ und auch daran, wenig Zeit für seine Freunde zu haben. Jedoch __________ er immer häufiger an starken Kopfschmerzen, was langsam zum Problem wird.

Trotz allem hat er nicht an Energie __________. Und genauso wichtig findet er es, dass er an Erfahrungen __________ hat, denn wenn er so an seine gleichaltrigen Freunde __________, „die ganz normal vor sich hinstudieren", ist er doch froh, diesen Weg gegangen zu sein. Die Arbeit macht ihm Spaß und wahrscheinlich wäre er todunglücklich, wenn dieses Projekt an irgendetwas __________ würde.

[1] vorgegebene Richtlinien (Pl.) : geltende Regeln
[2] das Selbstvertrauen : das Gefühl, dass man selbst etwas schaffen kann
[3] sehr gut abschneiden : ein sehr gutes Ergebnis haben
[4] die Fakultät, -en : die Abteilung einer Universität

58 Ordnen Sie die Präpositionen den Verbgruppen zu. Ergänzen Sie in den grünen Ziegelsteinen die richtigen Präpositionen.

mit — über / von — über — zu

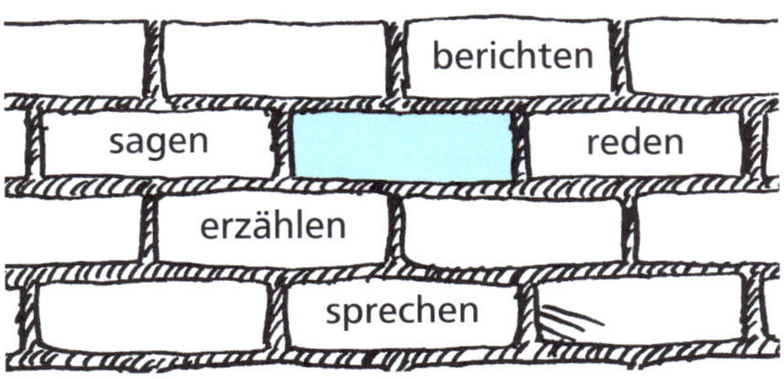

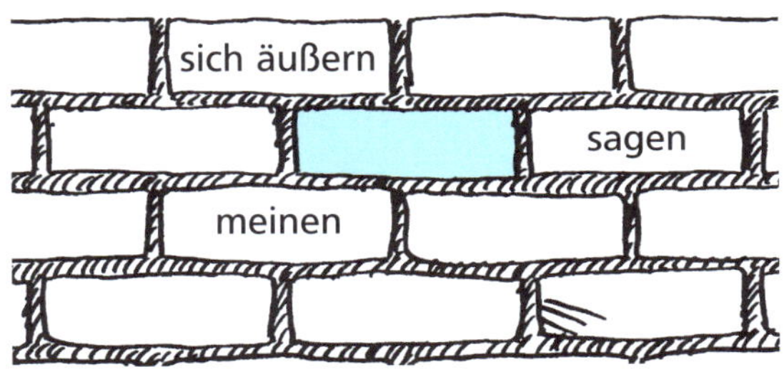

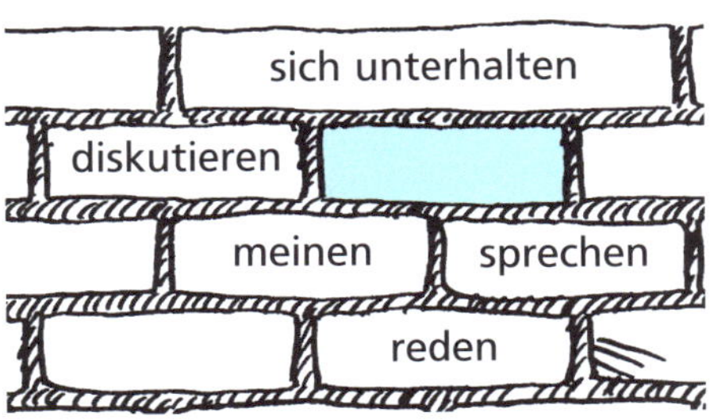

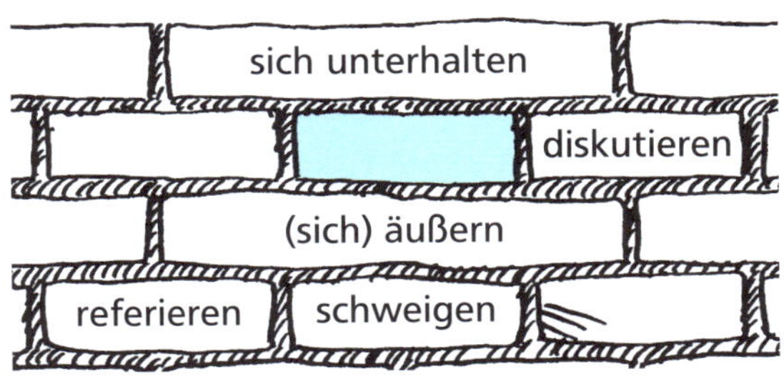

3 Gemischte Übungen

59 **Ordnen Sie den Bildern die Texte zu und ergänzen Sie die passenden Verben und Präpositionen oder Pronominaladverbien.**

riechen	duften	stinken

1.

2.

3.

a) Bei Gerbrachts wird gerade gestrichen und das ganze Haus ______________ ______________ frischer Farbe.

b) Jana hat von ihrem Freund Parfüm zum Geburtstag bekommen. Seitdem ______________ sie immer ______________.

c) In einem Bus ist es für alle höchst unangenehm, wenn jemand ______________ Knoblauch[1] ______________.

[1] der Knoblauch : eine der Zwiebel ähnliche Pflanze

1.	2.	3.

60 Was passt zusammen? Verbinden Sie die Satzteile zu inhaltlich richtigen Sätzen.

1. Diese Partei hat seit den Landtagswahlen an
2. Im Urlaub haben wir sehr viel Geld für
3. Wir haben viel zu viel Geld für
4. Alle Beteiligten haben an
5. Bei den letzten Wahlen hat die Sozialistische Partei
6. Ehrlich gesagt habe ich nicht mit
7. Meine Eltern haben jahrelang für
8. An Silvester[1] haben wir bei Bekannten um
9. In den letzten Jahren hat unsere Abteilung über

[1] Silvester : 31.12. am Abend
[2] die Gelder (Pl.) : größere Geldsumme

a) Geld gespielt.
b) Stimmen gewonnen.
c) Souvenirs ausgegeben.
d) diesem Projekt viel Geld verdient.
e) seiner finanziellen Unterstützung gerechnet.
f) sehr viel weniger Gelder[2] verfügt.
g) Einfluss verloren.
h) diesen Wagen bezahlt.
i) den Kauf der Eigentumswohnung gespart.

1.	2.	3.	4.	5.	6.	7.	8.	9.

61 Verbinden Sie die Wörter zu Sätzen. Verwenden Sie die Verben in der richtigen Form und ergänzen Sie Präpositionen und – wo nötig – Artikel und Endungen.

1. Buch - handeln - Freundschaft - zwischen - ein Mädchen - und - ein Flüchtlingsjunge.
   Das Buch handelt von der Freundschaft zwischen einem Mädchen und einem Flüchtlingsjungen.
2. Oft - sein - Kinder - nicht - tolerant - und - ausschließen - ander - Kinder - ihre Gemeinschaft.
3. Wir - benötigen - Suppe - viel - Zutaten.
4. Sauer - Regen - bestehen - Schwefeldioxid und Regenwasser.
5. Man - können - dies - klein - Täschchen - auch - Federmäppchen - verwenden.
6. Von der Akropolis aus - haben - man - toll - Aussicht.
   Man - können - ganz - Stadt - sehen.
7. Dies - Gesichtscreme - dienen - gleichzeitig - Sonnenschutzcreme.
8. Wo - können - wir - etwas - Geschichte - dies - Stadt - erfahren?
9. Hiermit - senden - wir - Rechnung - für - Reparatur - Ihr - Adresse.
10. Leider - Verkauf von Zeitschriften - an Kiosken - in den letzten Jahren - 10% - sinken
11. Was - sprechen - eigentlich - dass - wir - Urlaub - Mittelmeer - verbringen?
12. Katzenmutter - beschützen - ihr - Jungen - viel - Gefahren - da - sie - noch - hilflos - sein.
13. Dies - Politiker - versprechen - etwas - bestehend - Zustände - ändern. (Infinitivsatz)

62 Ergänzen Sie die Verben in der richtigen Form sowie die Präpositionen oder Pronominaladverbien.

sich verlieben	lachen	sich fürchten	sich freuen	überraschen

a) Die meisten Kinder ___ ___ ___ wilden Tieren.

b) Unsere Oma ___ ___ jedes Mal ___, wenn wir ihr etwas schenken.

c) Bei uns zu Hause ___ alle sehr ___ den Komiker Mr. Bean, nur ich finde ihn doof!

d) Die Räuber wurden von der Polizei ___ dem Einbruch ___.

e) Lisa hat ___ im Urlaub ___ einen dunkelhaarigen jungen Mann ___.

63 Schreiben Sie eine Geschichte mit mindestens fünf dieser Verben. Die Reihenfolge können Sie beliebig bestimmen.

ändern an – aufhören mit – sich ausruhen von – danken für – (sich) beschränken auf – einladen zu – grüßen von – bekannt machen mit

Wenn Sie wollen, können Sie dabei auch folgende Wörter benutzen:

Urlaub - Freund - Abend - Klub

64 Was können Sie auch sagen? Kreuzen Sie den Satz (A, B oder C) an, der dem Aussagesatz entspricht.

1. Mein Vater beschäftigt sich gern mit seinen Blumen.

   A Mein Vater ist Gärtner von Beruf.
   B Mein Vater verbringt gern seine Zeit mit Blumen.
   C Mein Vater denkt längere Zeit über seine Blumen nach.

2. Ich verbinde das Wort „Urlaub" immer mit meiner verstorbenen Frau.

   A Das Wort „Urlaub" weckt in mir Erinnerungen an meine Frau.
   B Wenn ich Urlaub mache, denke ich oft an meine Frau.
   C Meine Frau ist im Urlaub ums Leben gekommen.

3. Ich möchte mich zu einem C1-Kurs anmelden.

   A Ich möchte einen Termin für einen C1-Kurs vereinbaren.
   B Ich möchte einen C1-Kurs unterrichten.
   C Ich möchte an einem C1-Kurs teilnehmen.

65 Schreiben Sie eine Geschichte mit mindestens acht dieser Verben. Die Reihenfolge können Sie beliebig bestimmen.

abschreiben von – achten auf – antworten auf – reagieren auf – beginnen mit – fortfahren mit – hören auf – warten auf – staunen über – streben nach – teilnehmen an – sich verlassen auf – (sich) zwingen zu – sich zusammensetzen aus – schließen aus

Wenn Sie wollen, können Sie dabei auch folgende Wörter benutzen:

Klasse - Schülerinnen und Schüler - Lehrerin - Unterricht

66 Was passt zusammen? Verbinden Sie die Satzteile zu inhaltlich richtigen Sätzen.

1. Bei einem Frontalunfall[1] stößt ein Fahrzeug
2. Die Studierenden protestieren
3. Firma X konkurrierte nie
4. Nicht immer siegen die Besseren
5. Die ganze Familie schimpfte
6. Die zwei Länder kämpften
7. Draußen schlagen sich zwei Männer
8. Meistens ärgert sich der Lehrer

a) über die Schlechteren.
b) über die rücksichtslosen Nachbarn.
c) um die Grenzgebiete.
d) gegen das neue Hochschulrahmengesetz.
e) um eine Frau.
f) mit einem anderen Auto zusammen.
g) über die unaufmerksamen Kursteilnehmerinnen und -teilnehmer.
h) mit diesem Unternehmen.

[1] der Frontalunfall : Unfall, bei dem zwei Autos mit dem vorderen Teil gegeneinander fahren

1.	2.	3.	4.	5.	6.	7.	8.

67 Ergänzen Sie die Verben in der richtigen Form sowie die Präpositionen oder Pronominaladverbien.

sich begeistern – leiden – trauern – schimpfen – erschrecken – sich wundern – sich ärgern

a) Julia ______ ______ ______, dass sie den Bus verpasst hat.

b) Leon ______ sehr ______ großen Spinnen[1].

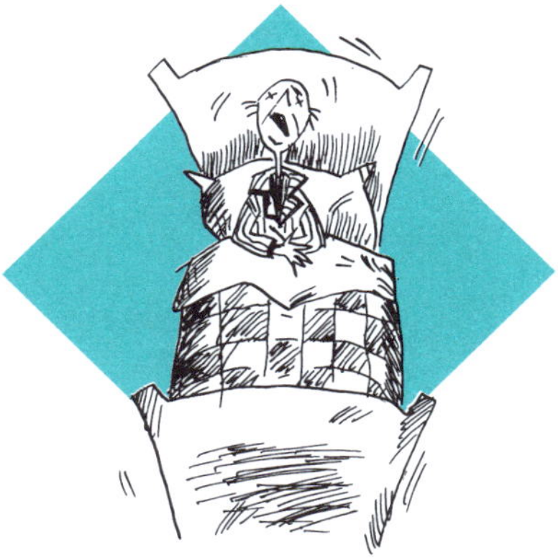

c) Mein Großvater ___ ___ einem Magengeschwür[2] und hat oft starke Schmerzen.

d) Die Mutter ___ ___ ihrer kleinen Tochter, weil sie wieder Süßigkeiten genascht[3] hat.

e) Bei der Beerdigung meines Onkels konnten alle sehen, wie sehr meine Tante ___ ihren geliebten Mann ___ hat.

f) Marwin ___ ___ ___, dass sein dünner Freund so viel essen kann.

g) Alina kann ___ nicht ___ das blaue Meer ___; sie fährt lieber in die Berge.

[1] die Spinne, -n : kleines, kletterndes, achtbeiniges Tier
[2] das Magengeschwür : Tumor im Magen
[3] naschen : Süßes essen

68 Schreiben Sie eine Geschichte mit mindestens sechs dieser Verben. Die Reihenfolge können Sie beliebig bestimmen.

anfangen mit – garantieren für – (sich) melden bei – passen zu – sparen für – telefonieren mit – sich treffen mit – (sich) trennen von – umgehen mit – vermieten an – versorgen mit – vertrauen auf

Wenn Sie wollen, können Sie dabei auch folgende Wörter benutzen:

Anzeige - Wohnungssuche - Verabredung - Vertrag

69 Was können Sie auch sagen? Welcher Satz (A, B oder C) entspricht dem Aussagesatz?

1. Jeden Nachmittag muss ich auf meine Schwester aufpassen.

   A Jeden Nachmittag muss ich meine Schwester beachten.
   B Ich muss meine Schwester jeden Nachmittag beaufsichtigen, damit ihr nichts passiert.
   C Ich muss jeden Nachmittag vorsichtig sein, wenn ich bei meiner Schwester bin.

2. Wegen seines schlechten Verhaltens wurde er aus der Partei ausgeschlossen.

   A Es ist ausgeschlossen, dass er sich in der Partei schlecht verhalten hat.
   B Es wurde entschieden, dass er nicht mehr Mitglied der Partei sein sollte.
   C Es muss verhindert werden, dass er Mitglied der Partei wird.

3. Katuschek gilt als großer Künstler.

   A Katuscheks Ziel ist es, ein großer Künstler zu werden.
   B Es ist Katuschek erlaubt, sich einen großen Künstler zu nennen.
   C Katuschek ist nach Meinung vieler Menschen ein großer Künstler.

4. Er stieg aus dem Unternehmen aus, weil er ein verlockenderes Angebot in Aussicht hatte.

   A Um zu seinem neuen Arbeitsplatz zu kommen, braucht er nicht mehr umzusteigen.
   B Er kündigte seine Stelle in diesem Unternehmen, weil er etwas Besseres gefunden hatte.
   C Die Verkehrsverbindungen zu seiner Arbeit waren ungünstig, deswegen hat er gekündigt.

70 Verbinden Sie die Wörter zu Sätzen, sodass eine zusammenhängende Geschichte entsteht. Verwenden Sie dazu die Verben in der richtigen Zeitform und ergänzen Sie Präpositionen oder Pronominaladverbien und – wo nötig – Artikel, Possessivpronomen und Endungen.

1. Frau Andrä - sein - alleinerziehend - brauchen - nett - Kinderfrau - die - Kleinkind - aufpassen - sollen.

   Frau Andrä ist alleinerziehend und braucht eine nette Kinderfrau, die auf ihr Kleinkind aufpassen soll.

2. Frau Andrä - möchten - ihr Sohn Maximilian - ein - frei - Mensch - erziehen.
3. An die Kinderfrau - stellen - sie - hoch - Ansprüche - weil - sie - Theorie von Summerhill - überzeugt sein.
4. Sie - ausgehen - dass - auch - Kinderfrau - sie - übereinstimmen.
5. Endlich - finden - sie - passend - Person - jedoch - Maximilian - sich ängstigen - am Anfang - sie.
6. Er - greifen - Hand der Mutter - und - sich verstecken - Kinderfrau.
7. Dies - Verhalten - zusammenhängen - dass - das Kind - bis jetzt nur - mit - Mutter - zusammen sein.
8. Mit der Zeit - sich gewöhnen - Maximilian - Kinderfrau.
9. Mittlerweile - sich verstehen - er - Kinderfrau - und - er - spielen - gern - sie - zusammen.
10. Seitdem - Kinderfrau - kommen - erkranken - Maximilian - selten - Grippe.
11. Kind - sich fühlen - wohl - bei der Kinderfrau - und - folgen - dass - Frau Andrä - richtig - Entscheidung treffen.

71 Schreiben Sie eine Geschichte mit mindestens sechs dieser Verben. Die Reihenfolge können Sie beliebig bestimmen.

ankommen auf – sich einigen mit – (sich) entfernen von – klagen über – fordern von – verzichten auf – riechen nach – (sich) konzentrieren auf – zusammenstoßen mit – wirken auf

Wenn Sie wollen, können Sie dabei auch folgende Wörter benutzen:

Unfall - Alkohol - Fahrer - Polizei - Strafe

72 Was passt zusammen? Ergänzen Sie die Verben so, dass die Sätze inhaltlich richtig sind.

1. Die Opposition[1] wird für die Beibehaltung[2] des Asylgesetzes
2. Dem adoptierten Kind wird es bei Familie Tobis an nichts
3. Der zunehmende Gebrauch von Klimaanlagen wird sich negativ auf die Ozonschicht
4. Frauen wie Gisele Bündchen werden auch in Zukunft auf Männer
5. Anna wird sich zu einer sehr attraktiven Frau
6. Die gute Qualität der Produkte und die perfekte Organisation wird „Mayfair" zur meistbesuchtesten Veranstaltung
7. Der Versuch wird am Desinteresse der Beteiligten
8. Annikas Eltern werden wohl immer gegen ihre Berufswahl

a) sein.
b) machen.
c) stimmen.
d) entwickeln.
e) auswirken.
f) fehlen.
g) scheitern.
h) wirken.

[1] die Opposition : Partei, die gegen die Politik der regierenden Partei ist
[2] die Beibehaltung : Zustand, bei dem etw. nicht verändert wird

1.	2.	3.	4.	5.	6.	7.	8.

73 Was passt zusammen? Verbinden Sie die Satzteile zu inhaltlich richtigen Sätzen und schreiben Sie die Sätze auf.

1. Professor Jung von der UNESCO tritt
2. Ich helfe meiner Mutter eigentlich kaum
3. Unsere Handballmannschaft nimmt
4. Ich mache auch
5. Er trägt mit seinem Vortrag erheblich
6. Unser Vorarbeiter setzt sich beim Chef
7. Werner beteiligt sich mit 25 EUR auch
8. Die Tigermutter schützt ihre Jungen
9. Bund und Länder unternehmen nichts
10. Viele Menschen in Deutschland tun nur das Nötigste

a) bei der Aktion „Brot für die Welt"
b) vor dem Gewitter
c) gegen die zunehmende Luftverschmutzung
d) für den Umweltschutz
e) für die Menschenrechte auf der Welt
f) zum Gelingen des Kongresses[1]
g) am Geschenk
h) an der nächsten Olympiade
i) bei der Hausarbeit
j) für den jungen Hilfsarbeiter

A mit.
B ein.
C bei.
D teil.
E —

[1] der Kongress, -e : das Treffen von Fachleuten

74 Schreiben Sie eine Geschichte mit mindestens acht dieser Verben. Die Reihenfolge können Sie beliebig bestimmen.

abhängen von - sich ängstigen vor - (sich) befreien von - drohen mit - bestrafen für - fliehen vor - (sich) schlagen mit - sterben an - suchen nach - sich rächen an - schützen vor - warnen vor - trauern um - sich wehren gegen - verurteilen zu

Wenn Sie wollen, können Sie dabei auch folgende Wörter benutzen:

Polizei - Drogen - Mörder - Ermordung - Schuss

75 Verbinden Sie die Wörter zu Sätzen. Verwenden Sie dazu die Verben in der richtigen Zeitform und ergänzen Sie Präpositionen oder Pronominaladverbien und – wo nötig – Artikel, Possessivpronomen und Endungen.

a) Gericht - Angeklagte - zwei Jahre Haft - verurteilen.

Das Gericht verurteilte den Angeklagten / die Angeklagte zu zwei Jahren Haft.

b) Frau Rumpf - sich bewerben - zum ersten Mal - Firma „Zeka“ - Stelle.
c) Vor zwei Jahren - es - kommen - in Deutschland - zahlreich - Delikte[1] - (Relativpronomen, Passiv) - Jugendliche - begehen. Letztes Jahr - sich erhöhen - die Delikte - 20%.
d) Ehemann - und - ich - sich entscheiden - Kinder - denn - wir - wollen - mehr Zeit füreinander - haben.
e) Auf dem Deutschlehrerkongress - referieren - bekannt - Professorinnen und Professoren - aus Deutschland - interessant - Themen.
f) Ich - schweigen - lange - der Vorfall[2] - aber - gestern - ich - sagen - Wahrheit.
g) Sekretärin - senden - Paket - falsch - Adresse - deshalb - es - zurückkommen.
h) Die Sparzinsen - sinken - von 1,5% auf 0,5% - also - 1%
i) Schwimmer - sich steigern - durch - hart - Training - 0,5 Sekunden - und - können - Olympische Spiele - teilnehmen.
j) Mein - klein - Sohn - krank - sein - darum - ich - anmelden - Untersuchung - er - Kinderarzt.
k) Die meisten Menschen - benötigen - Einreise[3] - in die Vereinigten Staaten von Amerika - Visum.
l) Unser - Fernseher - stammen - 80er Jahre - deshalb - wir - ersetzen - er - endlich - neu - Apparat.
m) Sophie - sich spezialisieren - nach dem Medizinstudium - Chirurgie.
n) Bei „Bauhoch“ - streiken - eine Woche lang - Beschlüsse[4] - Arbeitgeber. (Passiv)
o) Verkehrsunfall - zusammenhängen - dass - zwei Autos - zu schnell - fahren.
p) Jessica - auffallen - alle Leute - rot - Haare - und - supermodern - Kleidung.

[1] das Delikt, -e : die kriminelle Tat
[2] der Vorfall, ¨-e : das plötzliche Ereignis
[3] die Einreise, -n : die Reise in ein anderes Land
[4] der Beschluss, ¨-e : die Entscheidung

76 Ergänzen Sie die Verben in der richtigen Form sowie die Präpositionen oder Pronominaladverbien.

sich sehnen – sich schämen – leiden – staunen – beneiden – sich rächen – sich aufregen

a) Herr Tiede ___ ___ ___ die schlechten Noten seiner Klasse ___.

b) Alle ___ Laura ___ ihren reichen, gut aussehenden Freund.

c) Im Sommer ___ ich immer sehr ___ den Mücken[1].

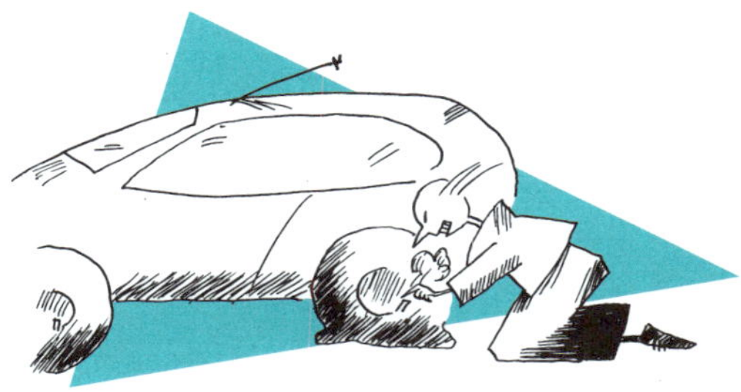

d) Herr Müller ___ ___ ___ seinem Nachbarn, indem er ihm die Luft aus dem Reifen herauslässt.

e) Katharina ___ ___ ___ fremden Leuten und wird immer rot, wenn sie angesprochen wird.

f) Luisa ___ ___ ___ ihrem Freund, der für kurze Zeit ins Ausland gefahren ist.

g) Lennards jüngere Brüder ________ ________, wie kräftig Lennards ist.

[1] die Mücke, -n : kleines Insekt, ähnlich einem Moskito

77 Was passt zusammen? Verbinden Sie die Satzteile zu inhaltlich richtigen Sätzen. Ergänzen Sie auch die Pronominaladverbien.

davon daran darauf davon darauf darauf davon

1. Jetzt hast du eine Fünf geschrieben. Das kommt ________,
2. Ich gehe bei meinen Vorträgen ________ aus,
3. Ihre feste Freundschaft beruht ________,
4. Die Sekretärin bezieht sich bei der Beschwerde ________,
5. Der Misserfolg der Mannschaft liegt ________,
6. Der Erfolg der Mannschaft kann ________ abhängen,
7. Es kommt ganz ________ an,

a) dass sie sich jahrelang kennen.
b) wie die Bezahlung ist.
c) ob ein bestimmter Spieler gesund wird.
d) dass nichts der Werbung im Prospekt entspricht.
e) dass die Zuhörenden sich vorher informiert haben.
f) dass sie nicht auf den Wettkampf vorbereitet war.
g) wenn du im Unterricht nicht aufpasst.

1.	2.	3.	4.	5.	6.	7.

78 Schreiben Sie eine Geschichte mit mindestens sechs dieser Verben. Die Reihenfolge können Sie beliebig bestimmen.

abnehmen um – vergleichen mit – (sich) anpassen an – aufpassen auf – bezeichnen als – enden mit – streiken gegen – mangeln an – sich orientieren an – sich sehnen nach – stammen aus

Wenn Sie wollen, können Sie dabei auch folgende Wörter benutzen:

Ausländerin - Sprache - Heimat - Gesellschaft - Probleme

79 Was können Sie auch sagen? Welcher Satz (A, B oder C) entspricht dem Aussagesatz?

1. Die Zahl der Geburten nimmt jedes Jahr um 7% ab.

   A Es werden jedes Jahr weniger Kinder geboren.
   B Die Zahl der Geburten beträgt nur noch 7%.
   C Die Neugeborenen haben 7% ihres Gewichts verloren.

2. Herr Stauff forscht in alten Archiven nach der Herkunft seiner Familie.

   A Herr Stauff sucht intensiv nach Informationen über die Herkunft seiner Familie.
   B Herr Stauff untersucht systematisch und nach wissenschaftlichen Methoden die Herkunft seiner Familie.
   C Herr Stauff ist Archäologe und versucht herauszufinden, woher er kommt.

3. Er versteht sich auf den Umgang mit schwierigen Menschen.

   A Er versteht die schwierigen Menschen am besten.
   B Er kann gut mit schwierigen Menschen umgehen.
   C Er weiß, wie er schwierigen Menschen aus dem Weg gehen kann.

4. Ich kann mich nicht mit dem Gedanken anfreunden, sie nie wiederzusehen.

   A In meiner Fantasie war ich mit ihr befreundet, aber in Wirklichkeit habe ich sie nie gesehen.
   B Ich kann mich nicht daran gewöhnen, dass sie nicht mehr da ist.
   C Ich habe schon oft an sie gedacht, seitdem sie weg ist.

5. Mein Freund ordnet seine Briefmarkensammlung nach Ländern.

   A In seinem Briefmarkenalbum herrscht Ordnung.
   B In seinem Briefmarkenalbum sind die Briefmarken in einer bestimmten Reihenfolge sortiert.
   C Mein Freund kann seine Briefmarken leicht finden.

4 Leicht verwechselbare Verben & Übungen

80 sich kümmern, (sich) sorgen, versorgen

sich sorgen um A sich Sorgen machen um	Da sie ständig Diät macht, sorgen sich die Eltern um ihre Gesundheit.
sorgen für A	
a) alles tun, was jd. braucht, damit es ihm gut geht (z.B. Kinder, Ehepartner)	Bei uns zu Hause sorgt die Großmutter für die Kinder.
b) alles tun, was nötig ist, damit etwas geschieht, entsteht	Mein Bruder sorgt dafür, dass wir Musik zum Tanzen für die Party haben.
sich kümmern um A	
a) auf jdn. aufpassen, der unbedingt Hilfe braucht (z.B. Kranker, Kind, Tier)	Kinder wünschen sich oft ein Haustier, aber dann kümmert sich doch die Mutter darum.
b) bestimmte Arbeiten übernehmen, die notwendig sind (z.B. Haushalt, Blumen)	Würden Sie sich bitte um meine Blumen kümmern, wenn ich über Ostern wegfahre?
versorgen mit D bewirken, dass jd. das bekommt, was er braucht; für jdn./sich etwas Fehlendes / notwendig Gebrauchtes beschaffen	UNICEF versorgt die Kinder in der Dritten Welt mit Medikamenten.

a) Lesen Sie die Tabelle genau durch. Ergänzen Sie dann die passenden Verben und die Präpositionen oder Pronominaladverbien.

Wohin mit dem Hund?

● Sag mal, du bist doch am Wochenende sicher zu Hause, oder?

■ Ja, warum?

● Weißt du, ich möchte gerne am Freitag wegfahren und weiß nicht, was ich mit meinem Hund machen soll. Könntest du dich ________ ihn ________?

■ Ich hatte nie einen Hund, was muss man denn da genau machen?

● Du musst nur ________ ________, dass du ihn zweimal am Tag ausführst[1], am besten morgens und abends. Ich lasse dir natürlich auch genügend Futter[2] für ihn da.

■ Na gut, ich werde mich bemühen, alles richtig zu machen. Hoffentlich geht nichts schief[3]!

● Was soll denn schiefgehen? Du wirst das sicher schaffen. Ich brauche mich doch wohl nicht __________ meinen süßen Cockerspaniel[4] zu __________, oder?

■ Nein, nein! Das geht schon in Ordnung.

● Du bist ein Schatz[5]! Danke!

[1] ausführen : auf einen Spaziergang mitnehmen
[2] das Futter : das Essen für ein Tier
[3] schiefgehen : nicht klappen
[4] der Cockerspaniel, -s : Hund mit hängenden Ohren
[5] der Schatz, ¨-e : etwas Kostbares

b) Ergänzen Sie die passenden Verben und die Präpositionen oder Pronominaladverbien.

1. Mein Mann ist zu Hause der perfekte Organisator. Ich brauche mich __________ nichts zu __________, denn er hat alles im Griff[1].
2. Im August fahren wir ans Mittelmeer. Mein Freund __________ __________, dass alles rechtzeitig gebucht ist.
3. Frau Stäubert führt einen traditionellen Bauernhof. Sie braucht sehr lange, bis sie alle Tiere __________ Futter __________ hat.
4. Der kleine Niklas ist kein guter Schüler und zeigt auch sonst keinerlei Interessen. Seine Eltern __________ sich sehr __________ seine Zukunft.
5. Meine Mutter ist seit einem Jahr bettlägerig[2]. Seitdem muss ich mich __________ sie __________ und habe ihretwegen[3] auch meinen Beruf aufgegeben.
6. Herr Stiebel ist ein guter Familienvater. Er __________ vorbildlich[4] __________ seine Frau und die Erziehung seiner Kinder.

[1] im Griff haben : kontrollieren können
[2] bettlägerig : sehr krank, sodass man nur im Bett liegt
[3] ihretwegen : für sie
[4] vorbildlich : besonders gut

81 denken, (sich) erinnern, nachdenken

		Übersetzung
denken über A halten von; eine bestimmte Einstellung zu jdm./etw. haben; eine bestimmte Meinung von jdm./etw. haben	Wie denken die Jugendlichen über die Schulreform?	
denken an A a) sich an jdn./etw. erinnern; etwas nicht vergessen	● Hast du mir die Zeitung gebracht? ■ Leider habe ich nicht daran gedacht.	

b) sein Interesse / seine Gedanken auf jdn./sich/etw. (besonders auf jds. Bedürfnisse[1]) konzentrieren / richten	Der ausländische Student denkt immerzu an seine Heimat.	
c) daran + denken + zu; die Absicht haben, etwas zu tun; etwas tun wollen	Meine Eltern denken daran, ihr Geschäft zu verkaufen. Ich denke nicht daran, ihm diesen Gefallen zu tun.	
erinnern an A jdn. ermahnen, etwas nicht zu vergessen; jdn. veranlassen, an etwas zu denken	Ich soll dich daran erinnern, dass du morgen einen Termin beim Zahnarzt hast.	
sich erinnern an A jdn./etw. im Gedächtnis behalten oder wieder an ihn / daran denken	Jetzt erinnere ich mich wieder daran, wo ich ihn kennengelernt habe.	
nachdenken über A (sich) überlegen; sich eine Situation vorstellen und dabei an wichtige Einzelheiten oder Probleme denken	Ich habe lange über seinen Vorschlag nachgedacht.	

[1] die Bedürfnisse (Pl.) : wichtige Wünsche

a) Lesen Sie die Tabelle genau durch. Ergänzen Sie dann die passenden Verben und die Präpositionen oder Pronominaladverbien. Achten Sie bei den Verben auf die richtige Zeitform.

- ● Ich habe schon oft _____ _____, aufs Land zu ziehen. Wie _____ du eigentlich _____?
- ■ Als Kind habe ich auf einem Bauernhof gelebt und ich _____ mich noch _____, wie viel Spaß es gemacht hat, im Freien zu spielen. Sehr gern _____ ich etwa _____ die weiten Felder, wo wir uns nach der Schule tummelten[1]. Wenn ich aber heute _____ _____, wie weit ich jeden Tag zur Arbeit fahren müsste, bin ich weniger von dieser Idee begeistert.
- ● Ich kenne viele Leute, die nicht einmal im Traum _____ _____, auf dem Land zu leben. Das sind richtige Stadtmenschen, die allein schon durch die Landluft krank werden.
- ■ Solche Leute sollte man vielleicht _____ _____, dass die Stadtluft erst recht krank macht!

[1] sich tummeln : herumlaufen und spielen

b) Welche Bedeutung (a, b oder c) hat das Verb denken an + A in folgenden Sätzen?

1. Wenn ich so daran denke, wie viele Probleme die Erziehung eines Kindes mit sich bringt, verzichte ich lieber auf Kinder.
2. Nach unserer Rückkehr von Italien denken wir oft an die herrliche Zeit, die wir dort verbracht haben.
3. Mag er noch so sehr darum bitten, ich denke nicht daran, ihm das Auto zu leihen.
4. Wir haben schon oft daran gedacht, euch in den USA zu besuchen, aber aus finanziellen Gründen schieben wir es immer wieder auf.

82 sich beklagen, sich beschweren, klagen

		Übersetzung
sich beklagen bei D / über A jdm. deutlich sagen, dass man mit einer Person / einer Sache nicht zufrieden ist oder sie als störend empfindet	Neulich habe ich mich bei dem Schuldirektor darüber beklagt, dass der Englischunterricht so oft ausfällt[1].	
sich beschweren bei D / über A jdm. (schriftlich oder mündlich) mitteilen, dass man mit jdm./ etw. überhaupt nicht zufrieden ist (stärker als „sich beklagen")	Ich werde mich beim Reisebüro über das schlechte Hotel beschweren.	
klagen über A sagen, dass man Sorgen mit jdm./ etw. hat oder damit nicht zufrieden ist (meist bei Schmerzen)	Unsere Nachbarn klagen oft über die laute Musik. Inge klagt darüber, dass sie in letzter Zeit schlecht schläft.	

[1] ausfallen : nicht stattfinden

Lesen Sie die Tabelle genau durch. Ergänzen Sie dann die passenden Verben und die Präpositionen oder Pronominaladverbien. Achten Sie bei den Verben auf die richtige Zeitform.

● Kevin hat sich ______ mir ______ ______, dass du ihn nicht zu deiner Party eingeladen hast.

■ Was du nicht sagst[1]! Wie ich ihn kenne, weiß es morgen die ganze Stadt.

● Komm, sei nicht so gemein[2]! Er ist tatsächlich der Einzige, der nicht eingeladen war. Mir hat er richtig leid getan.

■ Mir nicht! Denn letztes Jahr hatte ich ihn zu meinem Geburtstag eingeladen und er hat mir die ganze Party verdorben[3]. Ständig __________ er __________ starke Magenschmerzen. Er ging sogar so weit[4] zu behaupten, dass die Vorspeise[5] daran schuld gewesen sei und er sich schriftlich __________ irgendeinem Amt __________ __________ würde. Stell dir das mal vor!

[1] Was du nicht sagst! : (ironisch) Ach, wirklich?
[2] gemein : unfair
[3] verderben : kaputt machen
[4] sogar so weit gehen : etw. sehr Ungewöhnliches tun
[5] die Vorspeise, -n : erstes Gericht bei einem Essen aus mehreren Speisen

83 schimpfen, (sich) streiten

		Übersetzung
schimpfen mit D ausschimpfen; jdn. mit heftigen Worten kritisieren	Meine Mutter schimpft mit mir, wenn ich schlechte Noten nach Hause bringe.	
schimpfen über A seinen Ärger oder seine Wut über jdn./etw. mit heftigen Worten zum Ausdruck bringen	Mein Vater schimpfte über die Strafe für das Falschparken.	
(sich) streiten mit D voller Ärger mit jdm. sprechen (und ihn aggressiv behandeln), weil man eine andere Meinung o.Ä. hat	Gestern habe ich mich schon wieder mit meiner Schwester gestritten.	
(sich) streiten über A eine heftige Auseinandersetzung haben; eine Meinungsverschieden-heit austragen (Thema, Problem)	Wir streiten uns immer wieder darüber, wer einkaufen gehen soll.	
(sich) streiten um A eine heftige Auseinandersetzung haben, weil beide Parteien das Gleiche / den gleichen Gegenstand haben wollen	Geschwister streiten sich oft um das Spielzeug.	

Lesen Sie die Tabelle genau durch. Ergänzen Sie dann die passenden Verben und die Präpositionen oder Pronominaladverbien. Achten Sie bei den Verben auf die richtige Zeitform.

Fortsetzung von Übung 82

■ Da keiner auf Kevin achtete, fing er an, laut __________ die Vorspeise zu __________. Es war richtig peinlich! Ich versuchte ihn zu beruhigen, doch er wurde immer aggressiver, bis es zu einer richtigen Auseinandersetzung kam.

Er _____ sich so sehr _____ mir _____, ob die Vorspeise verdorben sei oder nicht, dass mein Vater ihn schließlich vor die Tür setzte. Das Beste war, dass meine Eltern am nächsten Tag _____ mir _____, weil ich Kevin eingeladen hatte.

● Er ist wirklich ein komischer Typ; das war er schon als Kind! Ich weiß noch, wie wir uns _____ einen Ball _____, als wir klein waren. Er weinte so lange, bis ich ihm den Ball endlich gab. Und was machte er? Er ließ ihn einfach liegen.

■ Und dann wunderst du dich immer noch, warum ich ihn nicht eingeladen habe? Du kennst ihn doch besser als ich!

84 anrufen, telefonieren

		Übersetzung
anrufen bei D jds. Telefonnummer wählen	Maximilian hat heute bei mir angerufen und mich zur Party eingeladen.	
telefonieren mit D (mit jdm.) am Telefon sprechen; ein Telefongespräch führen	Sara telefoniert stundenlang mit ihrem neuen Freund.	

Lesen Sie die Tabelle genau durch. Ergänzen Sie dann die passenden Verben und die Präpositionen. Achten Sie bei den Verben auf die richtige Zeitform.

Jetzt habe ich schon dreimal _____ Marc _____ und immer ist es besetzt. Er _____ stundenlang _____ seiner Freundin Lena.

85 abraten, auffordern, raten

		Übersetzung
abraten von D raten, etwas nicht zu tun	Er riet ihm dringend vom Kauf dieser Wohnung ab.	
auffordern zu D a) jdn. darum bitten, etwas zu tun	Der Lehrer forderte alle Schülerinnen und Schüler auf, an der Aktion „Saubere Stadt" teilzunehmen.	

		Übersetzung
b) zum Tanz bitten	Er forderte die Tochter seines Chefs zum Tanzen auf.	
raten zu D durch einen Rat zu etwas bewegen; jdm. (aufgrund seiner Erfahrung) sagen, was er in einer bestimmten Situation tun soll	Er hat uns zum Kauf eines Computers geraten.	

Lesen Sie die Tabelle genau durch. Ergänzen Sie dann die passenden Verben und die Präpositionen oder Pronominaladverbien. Achten Sie bei den Verben auf die richtige Zeitform.

Auf dem Ball überlegte sich Felix, ob er Jasmin ______ ein ______ Rock 'n' Roll ______ sollte. Er war sehr aufgeregt und erzählte seinen Freunden, was er vorhatte. Einer von ihnen ______ ihm ______, nicht so schüchtern[1] zu sein und es ruhig zu wagen[2]. Alle anderen konnten ihm nur ______, weil Jasmin schon einen festen Freund hatte.

[1] schüchtern : nicht sehr selbstbewusst
[2] wagen : etwas Gefährliches machen

86 sich einsetzen, eintreten, sich engagieren, sprechen

		Übersetzung
sich einsetzen bei D / für A sehr viel dafür tun, dass man selbst (oder ein anderer) ein Ziel erreicht; jdn. fördern; für jdn. / für eine Sache / für das Gelingen einer Sache sprechen	Sie hat sich bei der Institutsleitung für die Rechte der Angestellten eingesetzt.	
eintreten für A (ist eingetreten)		
a) sich einsetzen für	Der Abgeordnete der Grünen tritt für einen höheren Zuschuss beim Kauf von Elektroautos ein.	
b) jdn. verteidigen / in Schutz nehmen	Immer wenn der Vater auf seinen Sohn wütend ist, tritt die Mutter für ihn ein.	
sich engagieren für A sich einsetzen für	Er hat sich sehr für die Obdachlosen engagiert.	

sprechen für A		
a) sich für jdn. aussprechen; votieren[1]; zum Nutzen einer Person sprechen; im Hinblick auf[2] eine Zielerreichung sprechen	Er unterstützte ihn sehr während der Wahlkampagne und sprach für ihn, wo er nur konnte.	
b) positiv für jdn. sein; jdn./etw. im positiven Licht zeigen	Es spricht für dich, dass du geholfen hast.	
c) stellvertretend für jdn. sprechen; im Namen von jdm. sprechen	Ich spreche für alle, die heute nicht hier sein können.	
d) etwas deutet auf die Wahrscheinlichkeit / Unwahrscheinlichkeit, dass jd. an etwas teilgenommen hat, dass etwas stimmt o.Ä.	Die Indizien[3] sprechen dafür, dass er einer der gesuchten Bankräuber ist.	

[1] votieren : seine Stimme für etw. geben
[2] im Hinblick auf : (hier) mit dem Ziel
[3] das Indiz, -ien : etw., das vielleicht ein Beweis ist

a) Lesen Sie die Tabelle genau durch. Ergänzen Sie dann die passenden Verben und die Präpositionen oder Pronominaladverbien. Achten Sie bei den Verben auf die richtige Zeitform.

Die Gewerkschaft hat sich tatkräftig[1] ________ der Betriebsleitung ________ die Interessen der Arbeiterschaft ________. Sie ist unter anderem ________ ________, dass die Firma die Kosten für die Mahlzeiten in der Kantine übernimmt. Die allgemein schlechte wirtschaftliche Lage wird allerdings nicht dazu beitragen, dass die Gewerkschaft ihre Ziele erreicht. Ganz unabhängig von den Ergebnissen ________ es allerdings ________ die Betriebsleitung, dass sie zu Verhandlungen bereit ist.

[1] tatkräftig : mit Energie

b) Welche Bedeutung (a oder b) hat das Verb eintreten für + A in folgenden Sätzen?

1. Sie hatte immer einen Hang[1] zum Sozialen; schon als Jugendliche trat sie für die sozial Schwächeren ein.
2. Unsere Klasse tritt für die Abschaffung[2] der neuen Schulreform ein.

3. Obwohl er auf seine Schwester eifersüchtig ist, tritt er immer für sie ein, wenn die Eltern mit ihr schimpfen.

[1] der Hang : die Tendenz
[2] die Abschaffung : die Aktion, durch die etw. nicht mehr gilt

c) Welche Bedeutung (a, b, c oder d) hat das Verb sprechen für + A in folgenden Sätzen?

1. Die Koffer sind gepackt, das Hotel gebucht, die Tickets sind in meiner Tasche, das Wetter ist toll: alles spricht dafür, dass es ein herrlicher Urlaub wird.
2. Ich glaube, ich spreche für alle Mitbewohnerinnen und Mitbewohner, wenn ich die Einhaltung[1] der Ruhezeiten fordere.
3. Die Tatsache, dass unser Chef Herrn Wirtz in diesem Fall unterstützt und das Projekt sogar finanziert, spricht für ihn.
4. Der Redner sprach für die Stilllegung[2] des Kernkraftwerks[3] und führte als wichtigstes Argument auf, dass es den modernen Vorschriften und Richtlinien nicht entspricht.

[1] die Einhaltung : die Beachtung
[2] die Stilllegung, -en : die Schließung
[3] das Kernkraftwerk, -e : Fabrik, die mit Atomkraft Elektrizität produziert

87 erkranken, leiden, sterben

		Übersetzung
erkranken an D krank werden	Er musste das Rauchen aufgeben, als er an einer Lungenentzündung[1] erkrankte.	
leiden an D eine Krankheit haben; an etwas erkrankt sein	Seit seiner Reise nach Brasilien leidet er an Malaria.	
leiden unter D a) große Probleme oder Kummer wegen etwas haben	Kinder leiden oft darunter, dass sich ihre Eltern in ihrer Anwesenheit streiten.	
b) durch den Einfluss einer Sache Schaden nehmen / beeinträchtigt werden	Das alte Haus hat unter dem Erdbeben gelitten.	

sterben an D aus einem bestimmten Grund sterben	Der junge Mann ist an Krebs gestorben.	

[1] die Lungenentzündung : schwere Krankheit, die bewirkt, dass man nicht gut atmen kann

a) Lesen Sie die Tabelle genau durch. Ergänzen Sie dann die passenden Verben und die Präpositionen oder Pronominaladverbien. Achten Sie bei den Verben auf die richtige Zeitform.

Jahrelang ______ Herr Winter ______ Depressionen[1]. Das begann mit seinem Studium im Ausland, wo er sehr ______ ______, dass er allein lebte und keine Freunde hatte. Schließlich ______ er ______ Krebs und ______ im Alter von 32 Jahren ______ dieser Krankheit.

[1] die Depression, -en : psychische Krankheit

b) Welche Bedeutung (a oder b) hat das Verb leiden unter + D in folgenden Sätzen?

1. Die Rosen im Garten haben unter dem strengen Frost gelitten. ☐
2. Frau Richter litt darunter, dass ihr Mann sie tagelang allein ließ. ☐

88 sich treffen, sich verabreden

		Übersetzung
sich treffen mit D zwei oder mehrere Personen kommen (wie vereinbart) zusammen	Ich treffe mich heute Abend mit Julia.	
sich verabreden mit D / zu D mit jdm. vereinbaren, dass man sich trifft und etwas gemeinsam tut; etwas nach Ort und Zeit festlegen	Philipp hat sich heute Abend mit Michelle zum Tennisspielen verabredet.	

Lesen Sie die Tabelle genau durch. Ergänzen Sie dann die passenden Verben und die Präpositionen. Achten Sie bei den Verben auf die richtige Zeitform.

Alexander hat sich ______ seinem Freund ______ Abendessen ______. Er ______ sich ______ ihm im Restaurant „Schirn".

89 sich entscheiden, sich entschließen

Übersetzung

sich entschließen zu D
den Willen haben / beschließen, etwas zu tun (meist nach genauer Überlegung)

Fahrt ihr dieses Jahr in Urlaub?

Ja Nein

Ja, wir haben uns dazu entschlossen, dieses Jahr in Urlaub zu fahren. (Der Entschluss ist die Wahl zwischen „ja" und „nein", d.h. ob etwas geschehen soll oder nicht.)

sich entscheiden für A
nach längerem Überlegen eine von zwei oder mehreren Möglichkeiten wählen; eine Wahl treffen

Und wohin wollt ihr fahren?

Malta Santorin Teneriffa

Wir haben uns dafür entschieden, nach Malta zu fahren. (Die Entscheidung ist die Wahl zwischen diesem und jenem, d.h. was geschehen soll.)

sich entscheiden gegen A
nach längerem Überlegen eine von zwei oder mehreren Möglichkeiten ablehnen; etwas nicht wählen / nicht machen

Die Mitglieder haben sich gegen die Auflösung[1] des Vereins entschieden.

[1] die Auflösung : (hier) das Ende

Lesen Sie die Tabelle genau durch. Ergänzen Sie dann die passenden Verben und die Präpositionen oder Pronominaladverbien. Achten Sie bei den Verben auf die richtige Zeitform.

- ● Ihr wolltet doch aus dem Mietshaus ausziehen. Was ist eigentlich daraus geworden?
- ■ Ja, wir haben uns tatsächlich ______.
- ● Und was habt ihr vor?
- ■ Wahrscheinlich werden wir uns ______ eine Wohnung im Stadtzentrum ______. Unsere Kinder möchten lieber in der Stadt wohnen bleiben und haben sich deshalb ______ ein Grundstück auf dem Land ______. Wir haben auch schon etwas gefunden, das muss aber alles noch mit dem Makler[1] vereinbart werden.

[1] der Makler, - : Mann, der Wohnungen, Häuser oder Grundstücke zur Miete oder zum Kauf anbietet

90 sein, stimmen

		Übersetzung
sein für A eine positive Einstellung zu jdm./etw. haben	Viele sind für alternative Energiequellen.	
sein gegen A eine negative Einstellung zu jdm./etw. haben	Viele Leute sind dagegen, dass Hunde für Experimente mit kosmetischen Produkten missbraucht werden.	
stimmen für A sich bei einer Wahl oder Abstimmung für jdn./etw. entscheiden	90% der Mitglieder stimmten für diesen Vorschlag.	
stimmen gegen A sich bei einer Wahl oder Abstimmung gegen jdn./etw. entscheiden	Nur 10% der Mitglieder stimmten dagegen.	

Lesen Sie die Tabelle genau durch. Ergänzen Sie dann die passenden Verben und die Präpositionen oder Pronominaladverbien. Achten Sie bei den Verben auf die richtige Zeitform.

Fortsetzung von Übung 89

■ Sag mal, warum wohnt ihr eigentlich auf dem Land?

● Als wir damals das Haus gebaut haben, ___ wir fast alle ___ eine Wohnung in der Stadt, weil uns der Straßenlärm so gestört hat. Nur unsere Tochter ___ ___. Ich weiß noch, wie wir im Wohnzimmer abstimmten: Laura ___ ___ eine Wohnung in der Stadt, die zwei Jungen, mein Mann und ich ___ ___, also kauften wir etwas auf dem Land.

91 staunen, sich wundern

		Übersetzung
staunen über A sich von jdm./etw. beeindruckt zeigen; Überraschung, Verwunderung[1], Bewunderung[2] und Respekt empfinden; etwas sprachlos und mit großen Augen ansehen	Ich staune jedes Mal darüber, wie gut Lisa im Turnen ist.	

[1] die Verwunderung : die Überraschung über etw., was man nicht erwartet hat
[2] die Bewunderung : eine Haltung, die Respekt für jdn. oder etw. zeigt

sich wundern über A über etwas befremdet sein; etwas nicht erwartet haben; etwas nicht verstehen; verwundert nach Antwort suchen	Ich wundere mich darüber, dass du dich in diesem Chaos zurechtfindest.	

Lesen Sie die Tabelle genau durch. Ergänzen Sie dann die passenden Verben und die Pronominaladverbien. Achten Sie bei den Verben auf die richtige Zeitform.

● Ich ______ mich ______, dass Tom so schlank ist. Dabei isst er unheimlich viel.
■ Da hast du recht. Ich habe neulich auch ______ ______, wie viel er essen kann!

92 sich auseinandersetzen, sich befassen, (sich) beschäftigen, eingehen

		Übersetzung
sich auseinandersetzen mit D sich intensiv / kritisch / eingehend / gründlich mit etwas beschäftigen / befassen	Wir haben uns im Unterricht lange damit auseinandergesetzt, wie es zum Zweiten Weltkrieg gekommen ist.	
sich befassen / sich beschäftigen mit D sich für etwas interessieren und damit seine Zeit verbringen; etwas zum Gegenstand seiner Tätigkeit machen; jdm. / einer Sache seine Zeit widmen	Meine Mutter beschäftigt / befasst sich gern mit ihren Enkelkindern.	
beschäftigen mit D jdm. etwas zu tun geben	Eine Erzieherin muss wissen, womit sie die Kinder beschäftigen kann.	
eingehen auf A sich (intensiv) mit jdm./etw. befassen (mit seinen Fragen, Problemen usw.)	Meine Eltern gehen selten auf meine Probleme ein. Der Direktor versprach, auf dieses Problem näher einzugehen.	

Lesen Sie die Tabelle genau durch. Ergänzen Sie dann die passenden Verben und die Präpositionen oder Pronominaladverbien. Achten Sie bei den Verben auf die richtige Zeitform.

- Heute haben wir uns ________ der Philosophie Schopenhauers kritisch ________. Das war sehr interessant. Mir hat allerdings nicht gefallen, dass unser Lehrer nicht ________ unsere Fragen ________ ist.
- Mir ist nicht klar, wie man sich überhaupt ________ ________ kann. Ich verstehe kein Wort davon!

93 diskutieren, erzählen, sich unterhalten

		Übersetzung
diskutieren über A zwei oder mehrere Personen führen ein relativ langes Gespräch / eine Diskussion über ein Thema und erörtern verschiedene Aspekte dazu	Auf der Versammlung wurde lange über den Plan diskutiert.	
erzählen über A jdm. etwas mündlich / schriftlich (auf unterhaltsame / anschauliche Weise) mitteilen / darstellen / mit eigenen Worten wiedergeben	Marie erzählte mir gestern Einzelheiten über ihre Amerikareise.	
erzählen von D jdm. eine Information über jdn./etw. geben; jdm. kurz etwas mitteilen / darstellen	Frau Scholbe erzählte mir gestern kurz von ihrer Reise nach Österreich.	
sich unterhalten über A plaudern[1]; zwei oder mehrere Personen sprechen miteinander (besonders zum Vergnügen) über jdn./etw.	Mütter unterhalten sich gern über ihre Kinder.	

[1] plaudern : entspannt sprechen

Lesen Sie die Tabelle genau durch. Ergänzen Sie dann die passenden Verben und die Präpositionen oder Pronominaladverbien. Achten Sie bei den Verben auf die richtige Zeitform.

- Habe ich dir eigentlich schon Einzelheiten ________ unsere letzte Konferenz ________?
- Nein, worum ging es denn da?
- Es wurde anfangs ________ ________, welche Sparmaßnahmen notwendig seien. Nach zehn Minuten hörte kaum jemand mehr zu und wir ________ uns in Grüppchen ________, was wir am Wochenende unternehmen wollten.

94 sich drehen, gehen, (sich) handeln

		Übersetzung
sich drehen um A		
a) im Mittelpunkt stehen	Bei Gerbrachts dreht sich seit einer Woche alles um das Baby.	______
b) (das Gespräch o.Ä.) hat etwas Bestimmtes zum Gegenstand	Männerunterhaltungen drehen sich ständig um Fußballmannschaften.	______
es geht um A etwas ist das Thema / der Inhalt / der Anlass o.Ä. von etwas	Worum geht es bei dieser Sendung?	______
handeln von D zum Thema haben; (ein Buch, ein Film o.Ä.) behandelt etwas	Das Buch handelt von den Problemen der jungen Leute in unserer Gesellschaft.	______
es handelt sich um A es betrifft jdn./etw.	Es handelt sich um ein aktuelles Thema, das alle Eltern beschäftigt.	______

Lesen Sie die Tabelle genau durch. Ergänzen Sie dann Verben, Reflexivpronomen und Präpositionen, sodass die Sätze inhaltlich dem vorgegebenen Satz entsprechen.

Erwin Müller hat bereits vier Bücher veröffentlicht. Im Mittelpunkt steht dabei immer die Entwicklungshilfe[1].

a) In Erwin Müllers Büchern ______ ______ immer alles ______ das gleiche Thema, nämlich die Entwicklungshilfe.

b) Auch sein neues Buch ______ ______ einem Arzt, der als Entwicklungshelfer nach Afrika geht.

c) Bei Erwin Müllers neuestem Buch ______ es ______ wieder ______ ein Buch zum Thema Entwicklungshilfe.

d) In seinen Büchern ______ es immer ______ Ärztinnen und Ärzte, die in anderen Ländern arbeiten.

[1] die Entwicklungshilfe : Hilfe, die wenig entwickelten Ländern gegeben wird

95 sich auswirken, wirken

		Übersetzung
sich auswirken auf A etwas hat bestimmte Folgen für jdn./etw.	Die Erhöhung der Ölpreise wird sich negativ auf die Wirtschaft auswirken.	
wirken auf A etwas hat einen bestimmten Einfluss auf jdn./etw. (anregend, beruhigend, berauschend, heilend usw.); jd./etw. macht einen bestimmten Eindruck auf jdn. (fröhlich, müde, traurig usw.)	Die Farbe Grün wirkt auf viele Menschen beruhigend.	

Lesen Sie die Tabelle genau durch. Ergänzen Sie dann die passenden Verben und die Präpositionen. Achten Sie bei den Verben auf die richtige Form.

Die Versetzung[1] nach Norwegen __________ nicht nur deshalb bedrückend[2] __________ sie, weil sie ihre Familie zurücklassen musste. Auch der Klimawechsel hat sich negativ __________ ihre Gesundheit __________.

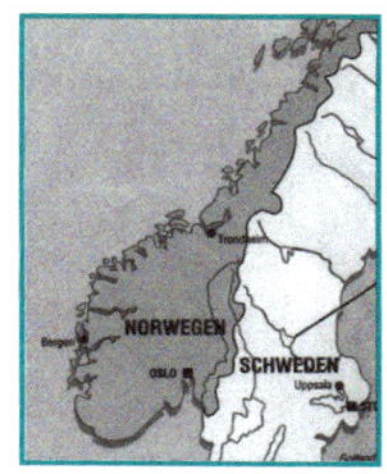

[1] die Versetzung, -en : Vorgang, bei dem man für seine Arbeit in eine andere Stadt oder ein anderes Land geht
[2] bedrückend : so, dass es jdn. traurig macht

96 achten, aufpassen

		Übersetzung
achten auf A a) beachten; jdm. Aufmerksamkeit schenken; jdn./etw. mit Interesse wahrnehmen; auf jdn./etw. Rücksicht nehmen	Die Rede war so langweilig, dass niemand auf den Professor achtete.	
b) jdn./etw. beobachten / auf jdn./etw. Acht geben, um zu verhindern, dass etwas Unangenehmes passiert	Auf dieser Fahrbahn musst du besonders auf die Schlaglöcher[1] achten.	
aufpassen auf A jdn./etw. beaufsichtigen; jdn./etw. fürsorglich / genau beobachten, so dass nichts Unerwünschtes passiert	Nachmittags passt das Kindermädchen auf meine Tochter auf.	

[1] das Schlagloch, ¨er : Loch in der Straße

a) **Lesen Sie die Tabelle genau durch. Ergänzen Sie dann die passenden Verben und die Präpositionen.**

Meistens ist man durch sein Berufsleben dazu gezwungen, ______ sein Äußeres[1] zu ______. Das gilt allerdings nicht für Kim, die tagsüber ______ die zwei kleinen Kinder ihrer Nachbarin ______ und sich somit nicht darum kümmert, wie sie angezogen ist.

[1] das Äußere : das Aussehen

b) **Welche Bedeutung (a oder b) hat das Verb achten auf + A in folgenden Sätzen?**

1. Neben ihm saß eine bildhübsche Frau, aber er achtete nicht auf sie, sondern war in seine Zeitung vertieft[1]. ______
2. Hier ist frisch gestrichen[2]. Achte darauf, dass du nicht mit der Jacke an die Wand kommst. ______

[1] vertieft sein in : konzentriert sein auf
[2] frisch gestrichen : mit frischer Farbe

97 beitragen, sich beteiligen, mitmachen, teilnehmen

		Übersetzung
beitragen zu D einen Beitrag zu einer Sache leisten, an der meist viele Menschen interessiert sind; als einen Beitrag zu etwas beisteuern; bei der Verwirklichung von etwas dazu tun / mithelfen	Alle hofften, dass er zur Lösung des Problems beitragen würde.	
sich beteiligen an D Teilnehmer sein; bei etwas (aktiv) mitwirken; etwas beisteuern / dazugeben	Wir wollen Finn zum Geburtstag eine Uhr schenken. Beteiligst du dich auch an dem Geschenk?	
mitmachen bei D an etwas aktiv teilnehmen (Spiel)	Machst du bei diesem Spiel mit?	
teilnehmen an D bei etwas mitmachen; sich an etwas beteiligen (Diskussion, Konferenz, Sitzung usw.)	Alle Interessierten sollten an dieser Konferenz teilnehmen.	

Lesen Sie die Tabelle genau durch. Ergänzen Sie dann die passenden Verben und die Präpositionen oder Pronominaladverbien. Achten Sie bei den Verben auf die richtige Form.

- ● Du bist doch auch zu Saras Party eingeladen, nicht wahr? Wir wollen zusammenlegen[1]. Hast du Lust, dich __________ dem Geschenk zu __________?
- ■ Das ist eine gute Idee! Woran habt ihr denn dabei gedacht?
- ● Wir wollen genau um Mitternacht den Komödianten[2] „Larso" kommen lassen. Das wird sicher lustig!
- ■ Den habe ich schon einmal auf einer Party erlebt und ich muss sagen, er hat mir ausgesprochen gut gefallen. Sein Auftritt wird __________ __________, dass die Party ein voller Erfolg wird!
- ● Wir haben uns aber noch etwas ausgedacht! Was hältst du davon, __________ einem kurzen Sketch __________, wir brauchen nämlich noch eine Person für unsere Mini-Aufführung.
- ■ Da hast du dir leider den Falschen ausgesucht, denn ich __________ grundsätzlich nicht __________ solchen Veranstaltungen __________. Ich habe einfach kein Talent zum Schauspielen und würde euch alles verderben[3].

[1] zusammenlegen : Geld sammeln
[2] der Komödiant, -en : Schauspieler, der lustige Rollen spielt
[3] verderben : Freude zerstören

98 abstammen, kommen, stammen

		Übersetzung
abstammen von D		
a) der Nachkomme von jdm./etw. sein (meist bei bekannten, adligen[1] Familien)	Manche zweifeln daran, dass der Mensch vom Affen abstammt. Er stammt von den Hohenzollern ab.	
b) seinen Ursprung[2] herleiten; herkommen	Das Wort „Bibliothek" stammt von einem griechischen Wort ab.	
kommen von D		
a) herrühren; herstammen	Das viele Geld kommt von ihrem Onkel, dessen Vermögen sie nach seinem Tod geerbt[3] hat.	

b) das ist die Folge	Jetzt bist du schon wieder hingefallen! Das kommt davon, wenn du nicht auf mich hörst!	
stammen aus D		
a) aus einem bestimmten Ort / Land kommen; zur Heimat haben; geboren sein	Er stammt aus Berlin.	
b) ein Wort wurde aus einer anderen Sprache übernommen	Das Wort „Dessert" stammt aus dem Französischen.	
c) etwas ist in einer bestimmten Epoche entstanden	Die Capella Sistina im Vatikan stammt aus der Rennaissance.	
d) Nachkomme sein von	Er stammt aus einer Arztfamilie.	

[1] adlig : aristokratisch
[2] der Ursprung, ¨-e : der Anfang
[3] erben : bekommen, nachdem jd. gestorben ist

a) Lesen Sie die Tabelle genau durch. Ergänzen Sie dann die passenden Verben und die Präpositionen oder Pronominaladverbien.

Unsere Nachbarsfamilie Andriotti ______ ______ Bayern.
Sie sind sehr arrogant[1] und sollen angeblich ______ einer adligen Familie ______. Der Familienname klingt jedenfalls nicht deutsch, sondern ______ eher ______ dem Italienischen.
Die Kinder der Familie Andriotti sind sehr unbeliebt in der Nachbarschaft. Keiner will mit ihnen spielen und sie sind meistens allein. Das ______ ______, wenn man so arrogant ist und sich für etwas Besseres hält.

[1] arrogant : stolz, andere nicht beachtend

b) Welche Bedeutung (a oder b) hat das Verb kommen von + D in folgenden Sätzen?

1. Er ist zu einem Alkoholiker geworden. Das kommt vom schlechten Umgang[1]; mit seinen Nachbarn betrinkt er sich jeden Abend in der Kneipe. ☐
2. ● Woher hast du denn die vielen Erdbeeren[2]? ☐
   ■ Die kommen vom Bauernhof „Strasserhof".

[1] der schlechte Umgang : die schlechte Gesellschaft
[2] die Erdbeere, -n : kleine, rote Frucht

c) Welche Bedeutung (a, b, c oder d) hat das Verb stammen aus + D in folgenden Sätzen?

1. Das Rathaus unserer Stadt ist sehr alt; es stammt aus dem Mittelalter.
2. Mein Mann ist Freiberufler[1] und damit die einzige Ausnahme in seiner Sippe[2], denn er stammt aus einer Beamtenfamilie.
3. Statt „menschenwürdig" benutzen viele das Wort „human", was aus dem Lateinischen stammt.
4. Ich bin zwar in den Staaten geboren, aber meine Eltern stammen aus Köln.

[1] der Freiberufler, - : jd., der selbstständig arbeitet und nicht angestellt ist
[2] die Sippe, -n : die Verwandten

99 ansehen, denken, gelten, (sich) halten

		Übersetzung
ansehen als A halten für; glauben, dass jd./etw. etwas Bestimmtes ist; als etwas betrachten / auffassen	Ich sehe es als meine Pflicht an, Sie davon in Kenntnis zu setzen.	
denken über A halten von; eine bestimmte Einstellung zu jdm./etw. haben; eine bestimmte Meinung von jdm./etw. haben	Wie denkst du über die neuen Maßnahmen?	
gelten als N etwas hat nach Meinung vieler Menschen eine bestimmte Eigenschaft; als etwas betrachtet / angesehen werden	Der junge Pianist gilt als ein großes Talent.	
halten für A		
a) betrachten; eine bestimmte Ansicht über jdn./etw. haben	Der Lehrer hielt seine Schüler für intelligent.	
b) zwei Dinge / Personen miteinander verwechseln; fälschlicherweise glauben	Der Hausherr hielt den Nachbarn für einen Einbrecher[1].	
sich halten für A (fälschlicherweise) etwas von sich glauben; eine bestimmte (meist falsche) Meinung von sich selber haben	Alina ist furchtbar eingebildet, sie hält sich für die Hübscheste in der Klasse.	
etwas / viel / nichts / wenig / eine Menge usw. von jdm./etw. halten eine bestimmte / gute / schlechte Meinung von jdm./etw. haben	Die meisten halten nicht viel von dem neuen Angestellten.	

[1] der Einbrecher, - : jd., der unerlaubt in ein Haus geht und etwas dort stiehlt

a) Lesen Sie die Tabelle genau durch. Ergänzen Sie dann die passenden Verben und die Präpositionen. Achten Sie bei den Verben auf die richtige Form.

Jennifer und Nina kennen sich schon seit der ersten Grundschulklasse. Eigentlich hat Jennifer Nina nie __________ ihre Freundin __________, obwohl sie sie sehr nett findet. Wie alle in ihrer Klasse, so __________ auch sie viel __________ Nina. Sie __________ nämlich allgemein __________ nett und ist bei allen Schülern sehr beliebt. Auch die Lehrerinnen und Lehrer mögen sie sehr und __________ sie __________ sehr intelligent.

b) Welche Bedeutung (a oder b) hat das Verb halten für + A in folgenden Sätzen?

1. In der Schule werde ich ständig mit meiner Zwillingsschwester[1] verwechselt; alle halten mich für Annika. ____
2. Unseren neuen Kollegen halte ich für einen ausgesprochenen Idioten. ____
3. Vom Aussehen her habe ich sie für ein Model gehalten; woher sollte ich auch wissen, dass es eine Kinderärztin ist. ____

[1] die Zwillingsschwester, -n : Schwester, die fast genau gleich alt ist

100 eingreifen, sich einmischen

		Übersetzung
eingreifen in A eine Handlung oder Entwicklung (an der man nicht direkt beteiligt ist) lenken / stören / stoppen; sich entscheidend / energisch einschalten	Der Moderator griff ständig in die Diskussion ein, was alle verärgerte.	
sich einmischen in A in eine Handlung eingreifen, die einen nicht betrifft	Unsere Nachbarin mischt sich mit Vorliebe in fremde Angelegenheiten ein.	

Lesen Sie die Tabelle genau durch. Ergänzen Sie dann die passenden Verben und die Präpositionen.

● Schau mal, da prügeln sich zwei Männer. Der Große schlägt ja fürchterlich auf den Kleinen ein! Findest du nicht, dass wir __________ diese Prügelei __________ sollten?

■ Lass uns lieber die Polizei anrufen. Ich möchte mich nicht __________ diesen Streit __________. Man weiß nämlich nie, in was für eine Angelegenheit man da hineingerät.

101 (sich) anpassen, aufpassen, passen

		Übersetzung
(sich) anpassen an A sich so verändern, dass man zu jdm. oder zu den jeweiligen Umständen passt und ohne Schwierigkeiten mit ihnen leben kann; sich angleichen; sich richten nach	Gewöhnlich passen sich Kinder schnell an eine neue Umgebung an.	
aufpassen auf A jdn./etw. beaufsichtigen; jdn./etw. fürsorglich / genau beobachten, sodass nichts Unerwünschtes passiert	Nachmittags passt das Kindermädchen auf meine Tochter auf.	
passen zu D a) harmonieren mit; etwas geht mit etwas so zusammen, dass es eine harmonische Gesamtwirkung ergibt	Welche Krawatte passt zu diesem Anzug?	
b) zusammenpassen; ähnliche Eigenschaften und Interessen haben wie eine andere Person	Lena ist ein feiner Mensch; ich glaube, sie passt gut zu Florian.	

Lesen Sie die Tabelle genau durch. Ergänzen Sie dann die passenden Verben und die Präpositionen.

Meine Freundin Hannah hat im Sommer wieder geheiratet und wohnt nun mit ihrem Sohn Tobias aus erster Ehe und ihrem jetzigen Ehemann in München. Er scheint nicht nur äußerlich gut ________ ihr zu ________: Sie haben die gleichen Interessen und die gleiche Lebenseinstellung. Es ist natürlich für alle eine Umstellung, aber sie werden sich sicher sowohl ________ die neue Stadt als auch ________ die neuen Lebensverhältnisse ________. Für Tobias ist es am einfachsten, weil er erst drei Jahre alt ist. Er versteht sich prima mit dem Au-Pair-Mädchen, das tagsüber ________ ihn ________ und ist auch sonst ganz zufrieden, dass er einen neuen Papa hat, der abends mit ihm spielt.

102 (sich) erhöhen, steigen, sich steigern, zunehmen

		Übersetzung
erhöhen auf A / um A (hat erhöht) steigern / vermehren (Tempo, Steuern, Zölle[1], Löhne, Produktion, Preise, Mitgliederzahl u.a.); bewirken oder veranlassen, dass etwas ansteigt / größer / mehr oder intensiver wird	Sein Gehalt wird ab 1. Januar auf 2673 EUR erhöht.	
sich erhöhen auf A / um A (hat sich erhöht) etwas wird höher / nimmt zu	Die Betriebskosten haben sich um fast fünf Prozent erhöht.	
steigen auf A / um A (ist gestiegen) etwas wird (im Niveau, Wert oder Umfang) höher oder größer (Leistung, Aktien, Preise, Wert, Inflationsrate[2], Kriminalitätsrate u.a.); etwas steigt an / nimmt zu (Temperatur, Wasser, Spannung, Chancen)	Der Wert der Aktien ist in den letzten Wochen um 35% gestiegen. Das Fieber ist gestern Nacht auf 40 Grad gestiegen.	
sich steigern auf A / um A (hat sich gesteigert) jd. verbessert seine Leistungen; jd./etw. wird besser	Mein Sohn hat sich im zweiten Halbjahr in vielen Fächern von einer Drei auf eine Zwei gesteigert. Seine Leistung steigert sich jedes Jahr um ein Vielfaches[3].	
zunehmen um A (hat zugenommen) etwas wird größer / stärker / intensiver; etwas vermehrt sich	Die Zahl der Arbeitslosen nahm letztes Jahr um 1,7% zu.	

[1] der Zoll, ¨-e : Geld, das man zahlt, um Ware in ein Land zu bringen
[2] die Inflationsrate : Prozentsatz, der die Verteuerung anzeigt
[3] um ein Vielfaches : sehr

Lesen Sie die Tabelle genau durch. Ergänzen Sie dann die passenden Verben und die Präpositionen. Achten Sie bei den Verben auf die richtige Form.

a) Nach neuesten Meldungen ________ sich die Zahl der Opfer des Erdbebens ________ siebzig ________.

b) Der Wert dieses Gemäldes ________ seit dem Tod des Künstlers von 10 000,- EUR ________ 100 000,- EUR ________.

c) In diesem Schuljahr ________ er sich in den Fächern Latein und Physik ________ die Note Zwei ________.

d) Die Nachfrage ________ ________ ein Vielfaches ________, sodass wir mit der Produktion kaum folgen konnten.

e) Die Gewinne bei der Firma „Hirsch" ________ sich ________ 10% ________.

f) Der Olympiasieger im Hochsprung ________ sich ________ 2 cm ________.

g) Der Fluss ________ täglich ________ 20 cm ________.

h) Die Preise ________ dieses Jahr ________ 10% ________.

i) Durch wirksame Werbung ________ sich der Umsatz[1] ________ 2% ________.

j) Der Preis ________ ________ die Hälfte ________ worden.

k) Dieser kleine Fehler ________ den Wert der Briefmarke von 10,- EUR ________ 270,- ________.

l) Verglichen mit letztem Jahr ________ die Temperatur in diesem Sommer ________ 2° C ________.

[1] der Umsatz, ¨-e : alle Einnahmen eines Geschäfts

103 abnehmen, senken, sinken

		Übersetzung
abnehmen um A (hat abgenommen) etwas wird immer weniger / reduziert sich	Die Zahl der Wildschweine hat dieses Jahr um 15% abgenommen.	
senken auf A / um A (hat gesenkt) verringern (Preise, Kosten, Löhne, Steuern, Blutdruck[1] u.a.); bewirken, dass etwas kleiner, geringer oder niedriger wird	Die Autoindustrie senkt die Autopreise um 4%. Dieses Mittel hat das Fieber auf 37 Grad gesenkt.	
sinken auf A / um A (ist gesunken) etwas wird weniger / geringer; verliert (meist langsam) an Höhe, Wert usw. (Preise, Temperatur usw.)	Die Temperatur sinkt im Winter oft auf 0° C. Seit gestern ist die Temperatur um 4 Grad gesunken.	

[1] der Blutdruck : Maßeinheit, um festzustellen, ob der Blutkreislauf normal ist

Lesen Sie die Tabelle genau durch. Ergänzen Sie dann die passenden Verben und die Präpositionen. Achten Sie bei den Verben auf die richtige Form.

a) Die Zahl der Geburten ______ Ende der 60er Jahre durch die Einführung der Antibaby-Pille ______ ca. 20% ______.

b) Die Regierung ______ die Mehrwertsteuer ______ 2% ______; jetzt beträgt sie nicht mehr 8% sondern 6%.

c) Durch die Arbeitsbeschaffungsmaßnahmen konnte die Zahl der Arbeitslosen in diesem Bundesland leider nur ______ 2000 ______ werden.

d) Aufgrund des regenarmen Winters und der Hitzewellen im Sommer ______ der Wasserspiegel des Sees ______ 30 cm ______.

e) Das Fieber ______ ______ 38 Grad ______.

f) Meine Mutter hat es geschafft, die Haushaltskosten ______ 5% zu ______.

5 Wiederholungsübungen

104 Kreisen Sie das richtige Verb ein.

Der Trend zur Kleinfamilie

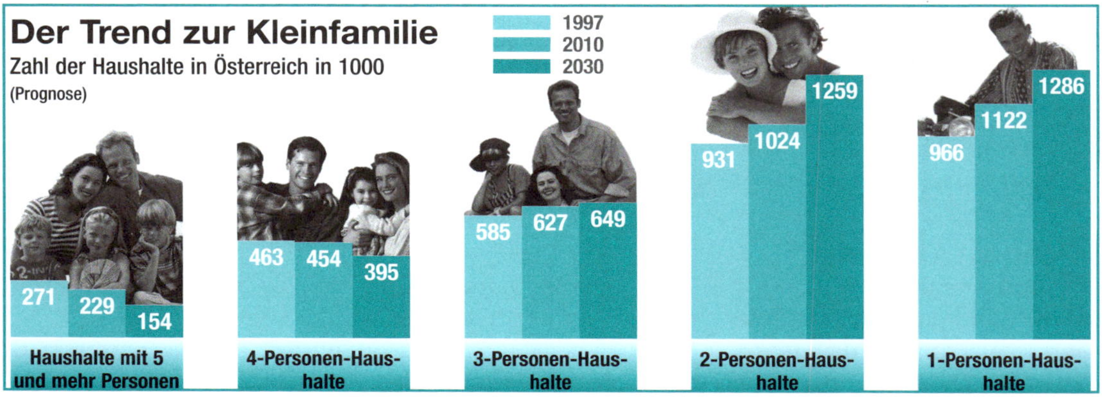

Diese Studie befasst / bezieht sich mit den Lebensformen in Österreich und der voraussichtlichen Entwicklung der Familie in den kommenden Jahren.

Eine der wichtigsten Erkenntnisse ist, dass die Zahl der 1-Personen-Haushalte in den kommenden Jahren um 320 000 steigt / steigert. Auch die Zahl der 2-Personen-Haushalte wird im Jahre 2030 1 259 000 betragen, also um 328 000 entwickeln / zunehmen. Andererseits bleibt die Zahl der sogenannten Kernfamilien, also Eltern mit höchstens zwei Kindern konstant[1]. Die Zahl der 3-Personen-Haushalte wird bis zum Jahr 2030 von 585 000 Haushalten auf 649 000 steigen / erhöhen, die der 4-Personen-Haushalte dagegen von 463 000 auf 395 000 sinken / senken. Die Zahl der 5-Personen-Haushalte wird in der gleichen Zeit um 117 000 beschränken / abnehmen.

Dieser Trend zum „Single-Dasein" beruht / liegt zum größten Teil auf der hohen Scheidungsrate, durch die viele junge Menschen von der Ehe abgeschreckt[2] werden. Auch orientiert / richtet sich der junge Erwachsene an den Beispielen der Werbung und der Kinofilme, wo karrierebewusste, attraktive und konsumfähige junge Menschen meist keine Familie haben.

Immer mehr junge Leute heiraten erst nach dem 28. Lebensjahr und das kommt / liegt auch daran, dass viele ihr Leben so lange wie möglich genießen wollen. Die finanzielle Situation spielt ebenfalls eine große Rolle; ein niedriges Einkommen ist nicht selten der Grund dafür, dass Eheleute sich gegen Kinder entscheiden / entschließen.

Die Kleinfamilie also als Lebensform der Zukunft; daraus schließt / folgt, dass es sowohl in Österreich als auch in vielen anderen europäischen Ländern immer weniger Kinder und dafür mehr alte Leute geben wird.

[1] konstant : unverändert
[2] abschrecken : jdm. Angst machen

105 Ergänzen Sie die Präpositionen oder Pronominaladverbien.

Das neue Auto

a) Herr Taubert fuhr schon jahrelang einen alten VW-Golf, ______ den ihn früher alle seine Mitstudierenden beneidet hatten. Diese Zeiten waren längst vorbei, und er ärgerte sich immer öfter ______ die anfallenden Reparaturkosten und den hohen Benzinverbrauch. Auch schimpften seine Kinder ______ das Fahrzeug. Es gefiel ihnen gar nicht, wenn ihre Freunde ______ diesen komischen Wagen lachten. Anfangs dachte Herr Taubert jedoch nicht ______, sich ______ seinem Liebling zu trennen. Außerdem fehlte es ihm ______ Geld. Aber seitdem im Fernsehen ______ das neue Modell von VW geworben wurde, versuchten seine Frau und seine Söhne, ihn ______ zu überreden, den neuen VW-Passat zu kaufen.

Aber wie sollte er sich ______ dem Kauf entschließen, wenn er noch nicht einmal ______ die Anzahlung[1] gespart hatte? Er gehörte ______ denjenigen Menschen, die lange brauchten, um eine Entscheidung zu treffen. In seinem Bekanntenkreis galt er ohnehin ______ geizig[2], daher glaubte seine Frau auch nicht ______, dass sie sich je einen neuen Wagen anschaffen würden.

[1] die Anzahlung, -en : erster Teilbetrag einer Kaufsumme
[2] geizig : viel zu sparsam

b) Zwei Umständen hatte es Frau Taubert zu verdanken, dass ihr Mann dann endlich doch den Autohändler in der Nähe aufsuchte[1]:
Eines Morgens, als Herr Taubert es besonders eilig hatte, wollte der Motor einfach nicht anspringen[2], woraufhin Herr Taubert anfing, ganz fürchterlich zu schimpfen. Und zweitens hatte der Nachbar, Herr Kühne, seiner Frau ______ ihrem Geburtstag einen Zweitwagen geschenkt. Dies bot bei Tauberts immer wieder Anlass[3] zum Streit. Eine Woche später wollte Herr Taubert sich ______ einem Autohändler ______ die neuen Modelle informieren. In Wirklichkeit verstand er gar nicht viel ______ Autos, er ließ sich trotzdem vom Verkäufer ______ die Neuigkeiten auf dem Markt aufklären. Er stieg ______ alle Modelle ein, um die Ausstattung[4] zu sehen, machte es sich bequem und stieg erst dann ______ dem Wagen aus, wenn der Verkäufer ihn ______ die anderen Modelle hinwies.

[1] aufsuchen : besuchen
[2] anspringen : (hier) funktionieren
[3] der Anlass, ¨-e : der Grund
[4] die Ausstattung, -en : (hier) Inneneinrichtung eines Autos

c) Der Verkäufer bei VW redete auf Herrn Taubert ein und nannte die Vorzüge[1] eines jeden Modells. Er riet ihm auch ______ einem ganz bestimmten Auto und erklärte ihm in allen Einzelheiten, worin es sich ______ den anderen unterscheide. Dabei betonte er, dass der geringe Abgasausstoß[2] besonders ______ dem Umweltschutz beitrage. Er bestand ______, dass sich Herr Taubert den Wagen genauer anschauen solle, um sich selbst ______ den Vorzügen dieses Autos zu überzeugen. Herr Taubert neigte eher ______ dem Kombi[3], der vorne links stand, weil er ______ das ganze Gepäck denken musste, das sich im Urlaub ansammelte. Der Verkäufer riet ihm nicht direkt ______ ab, sagte ihm jedoch, dass er persönlich nicht viel ______ Kombis halte. Ohne länger ______ nachzudenken, entschied Herr Taubert sich schließlich ______ den Kombi und freute sich schon ______ das Gesicht seiner Frau, wenn er sie ______ überraschen würde.

[1] der Vorzug, ¨-e : der Vorteil
[2] der Abgasausstoß : das Abgas, das aus dem Auto kommt
[3] der Kombi, -s : Autotyp mit viel Platz für Gepäck

106 Ergänzen Sie die Verben in der richtigen Form sowie die dazugehörigen Präpositionen oder Pronominaladverbien.

berichten siegen rechnen raten schlagen verteilen treffen teilen fürchten rufen streiken leben schicken herrschen flüchten zahlen beschützen benötigen

über vor in vor nach an damit an mit dazu für über von mit dafür über vor für

Ein Märchen

Es war einmal ein König, der ______ das Königreich[1] Nordanien ______.

Er hieß Gerhard und war ein strenger König. Das Volk musste hart für ihn arbeiten und ______ nur ______ Wasser und Brot. (Damals gab es noch keine Gewerkschaften, sodass man ______ bessere Arbeitsbedingungen hätte ______ können).

Dieser böse König hatte seinen Bruder, den Kronprinzen Willibald, vom Thron[2] gestürzt und wollte ihn töten (so wie es in anderen Märchen auch üblich ist). Doch Willibald konnte noch in letzter Minute __________ ihm __________ und sich in ein fernes Land retten. Dort __________ er sich __________ anderen Königen, die ihm __________ __________, seinen Bruder zu stürzen (das hatten sie schon einmal in anderen Märchen gelesen und fanden die Idee gut). Alles, was er __________ dieses gewagte Unternehmen[3] __________, bekam er von seinen Freunden und brauchte noch nicht einmal __________ zu __________ (so sind Freunde nun mal!). Mit ihrer Hilfe kehrte er in seine Heimat zurück.

Gerhard hatte nicht __________ __________, dass Willibald noch lebte und als er ihn sah, packte ihn die Angst. Er __________ __________ seinen Soldaten, doch Willibald war schneller. Er __________ sich tapfer __________ dem bösen König, bis Gerhard schließlich aufgab. So __________ der Gute __________ den Bösen (das versteht sich von selbst – in einem Märchen!). Jetzt war Willibald König und als Erstes __________ er Brot __________ das Volk und erließ alle Schulden[4]. Er __________ __________ alle Familien einen Brief, in dem stand, dass sie nun frei seien und sich nicht mehr __________ dem König zu __________ bräuchten. Der neue König werde sie __________ allen Feinden __________ (alle atmeten auf!).

Er __________ sein Land __________ Bezirke[5] und ließ in jedem Bezirk einen Volksvertreter wählen, der ihm __________ die Probleme der Bürger __________ sollte. Nie wieder gab es in diesem Land arme und unglückliche Menschen und so oder so ähnlich entstand auch die erste Demokratie (das ist etwas Neues in einem Märchen!)

1 das Königreich, -e : Land mit einem König
2 der Thron, -e : Sessel, auf dem nur der König sitzen darf
3 gewagtes Unternehmen : riskante Aktion
4 Schulden erlassen : bestimmen, dass Schulden nicht zurückgezahlt werden
5 der Bezirk, -e : die Verwaltungseinheit

107 Ergänzen Sie die Verben und die Präpositionen oder Pronominaladverbien. Achten Sie bei den Verben auf die richtige Form.

Doping

In den Zeitungen wird darüber __________, dass der Leichtathlet Georgio Malev beim Endkampf gedopt war. Es sieht also ganz __________ aus, als ob er disqualifiziert[1] würde, was für sein Land ein großer Verlust wäre.

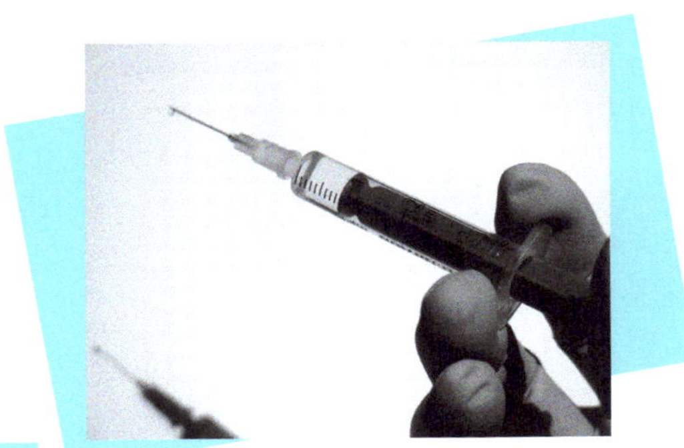

In seinem letzten Interview besteht er allerdings __________, nichts Unerlaubtes eingenommen zu haben: „In den letzten Monaten __________ ich mich nur von Gemüse, Obst und Fleisch.

Ich konzentriere mich __________ das Training und bereite mich gewissenhaft[2] __________ alle Wettkämpfe vor. Ich achte __________, kein Gewicht zuzunehmen und __________ mich generell an alle Spielregeln, um __________ meine Gegner zu siegen."

Auch sein Trainer ist __________ Malev eingetreten:
„Also, ich __________ von nichts, wirklich – ich habe keine Ahnung! Die ganze Geschichte ist nur ein Gerücht[3] und dient __________, Malevs Karriere zu schaden. Die einzigen Medikamente, die Malev in den letzten Wochen eingenommen hat, waren Antibiotika, als er an Grippe __________. Was die Urheber[4] dieser ganzen Verleumdung[5] betrifft, so möchte ich mich nicht dazu __________, sondern lieber __________ schweigen."

[1] disqualifizieren : von einem Wettbewerb ausschließen
[2] gewissenhaft : sehr genau und gut organisiert
[3] das Gerücht, -e : Information, die eventuell falsch ist und von anderen verbreitet wird
[4] der Urheber, - : jd., der mit etwas beginnt
[5] die Verleumdung, -en : die Lüge

108 Ergänzen Sie die Verben und die Präpositionen oder Pronominaladverbien. Achten Sie bei den Verben auf die richtige Form.

Die Bewerbung

Laura und Jannik sind sehr verliebt und möchten heiraten. Allerdings schieben sie den Termin der Hochzeit noch hinaus, weil man bekanntlich nicht nur __________ Luft und Liebe leben kann.

Jannik hat schon viele Bewerbungen an diverse Adressen __________, jedoch immer nur Absagen erhalten. Jeden Tag sieht er die Stellenangebote durch und sucht diejenigen aus dem Internet heraus, die für ihn in Frage kommen.

Auch bei der Firma „Krato" hat er sich schon um eine Stelle __________ Werbegrafiker __________ und dieses Mal scheint es zu klappen, denn man hat ihn schon telefonisch zu einem Vorstellungsgespräch __________. Außerdem arbeitet ein guter Freund in der Personalabteilung. __________ ihm hat er erfahren, dass man sich in diesem Betrieb __________ Neueinstellungen entschlossen hat und Jannik ganz vorn auf der Liste der in Frage kommenden Bewerber steht. Allerdings möchte sich Jannik nicht __________ verlassen, denn schließlich hat er noch keine offizielle Zusage. Deshalb erzählen Jannik und Laura keinem etwas __________ dieser Stelle, doch sobald sie die Zusage bekommen, wollen die beiden heiraten. Sie __________ sich schon darauf, endlich eine Familie gründen zu können ...

109 Ergänzen Sie die Präpositionen bzw. die Pronominaladverbien.

Die Umweltschützer

Fabian ist vor einiger Zeit __________ einen Verein für Umweltschutz eingetreten. Er hat für die Mitgliedschaft ein Formular ausgefüllt und 25,- EUR __________ bezahlt. Dieser Geldbetrag dient __________ finanziellen Unterstützung des Vereins.

Jedes Mitglied übernimmt bestimmte Verpflichtungen. Fabian z.B. steht jeden Dienstagnachmittag in der Fußgängerzone und verteilt Flugblätter __________ die Vorbeigehenden. Andere Mitglieder stellen Informationsblätter zusammen, die __________ die Adressen der Stadtbewohnerinnen und -bewohner geschickt werden. Durch diese Blätter wird z.B. __________ informiert, wie Tiere von der Pharmaindustrie als Versuchsobjekte[1] missbraucht werden. Viele Menschen erschrecken __________ die brutalen Fotos und Beschreibungen und kommen zum Verein, um Näheres __________ zu erfahren.

Ein anderes Problem, __________ dieser Verein hinweist, ist der verschmutzte Fluss, der durch die Stadt fließt. Fabian und die anderen Mitglieder fordern, dass __________ den Verantwortlichen geforscht wird. Man hat den Gehalt[2] an Schadstoffen[3] im Flusswasser nachgewiesen und auch die Chemikalien __________ geordnet, wie gefährlich sie sind. __________ hat dann ein Vorstandsmitglied des Vereins auf einer Tagung referiert.

__________ all diesen Aktivitäten folgt, dass sich solche Vereine und Gruppen sehr __________ den Umweltschutz engagieren. Hoffentlich wird die Umweltverschmutzung dadurch in Zukunft zurückgehen.

[1] das Versuchsobjekt, -e : Gegenstand oder Lebewesen, der/das für einen Versuch benutzt wird
[2] der Gehalt : (hier) der Anteil
[3] der Schadstoff, -e : schädlicher Stoff

110 Ergänzen Sie die Präpositionen und Pronominaladverbien.

darauf · von · mit · dadurch · vor · um · an · als · damit · mit · mit · durch · mit · auf · aus · auf · von · durch · für · dazu · auf · unter

Der Freizeitmensch

Immer wieder liest man in Zeitschriften, dass die Deutschen zu viel Freizeit haben. Das ergibt sich __________ verschiedenen Statistiken, die __________ Informationen aus der Freizeitindustrie und __________ Umfragen basieren.

Diese Grafiken gehen aber meistens nicht __________ ein, ob der Freizeitmensch wirklich „Freizeit hat", sondern nur wie er seine Freizeit verbringt. Was verstehen die Menschen heutzutage eigentlich __________ Freizeit? Auch dazu gibt es genügend Umfragen, aus denen deutlich wird, was die Deutschen __________ ihrer Freizeit erwarten. Das hat aber nur in wenigen Fällen mit „ausruhen" und „sich wirklich __________ nichts kümmern" zu tun. Meistens hetzt[1] der Freizeitmensch von einem Hobby zum nächsten und steht unter Freizeitstress.

Und genau __________ unterscheidet sich der deutsche Freizeitmensch von anderen. Er fällt __________ seine Sportlichkeit auf und __________ die Sportarten, die sich jedes Jahr ändern und nicht billig sind. Weniger Zeit haben die Deutschen allerdings, um sich __________ aussterbende Tiere, Minderheiten und politische Missstände[2] zu engagieren. Wahrscheinlich empfinden sie das __________ störend: denn Freizeit ist Freizeit und nicht __________ unangenehmen Dingen und Gedanken zu vereinbaren. Sie distanzieren sich also (un)bewusst __________ Problemen, weil sie schon genügend am Arbeitsplatz und im Privatleben haben, __________ denen sie sich auseinandersetzen müssen. Wer sieht sich denn auch gern __________ zusätzlichen Problemen der Realität konfrontiert? Die meisten haben sich schon längst __________ abgefunden, dass man nichts __________ den bestehenden Verhältnissen ändern kann.

Hauptsache, man kommt __________ dem Gehalt aus und braucht nicht __________ seinen Sommerurlaub zu verzichten, der meist „gruppenweise" im Süden gebucht wird. Dorthin retten sich nämlich die Deutschen für einige Tage __________ der Kälte und Nässe des Nordens. Denn genau das schlechte Wetter ist es, das sie __________ veranlasst, wärmere Regionen aufzusuchen, um dort den größten Teil ihrer kostbaren Freizeit zu verbringen.

[1] hetzen : ohne Zeit schnell irgendwohin laufen
[2] politische Missstände (Pl.) : politische Zustände, die negativ sind

Lösungsschlüssel

1 für, mit, als, bei, an

2 a) bei einer, zu einem
b) bei, als -er, mit -en -en, an -em -en, für die
c) über die, dazu

3 über, mit, als, darüber, durch, darauf, davon, auf, mit, mit, für, damit, von, mit, mit, aus

4 als, bei, für, zu

5 a) bei, für -e
b) bei, über -e
c) für -e, bei dem / für den, als, zum
d) über die, von -en
e) bei der, über die -en
f) auf, aus
g) bei, um ein
h) zum, für

6 1B, 2B, 3A, 4C, 5C, 6A, 7B, 8C, 9A, 10B, 11B, 12C

7 a) für, gegen
b) darüber, an die
c) Wozu, als
d) mit, über -e
e) zur, für -en
f) bei -em, dafür
g) in den, für die
h) für die, gegen die, gegen das
i) bei -em -n, für – -es
j) Von, über
k) von dem, darüber
l) um das, auf
m) bei der, nach
n) vor dem, über -e
o) davon, über -e

8 an, daran, dazu, aus, dazu, als, von, mit, von, mit, darüber, um, von, zu, auf, durch

9 an, über, auf

10 auf die, über das -e, das -e, darüber, an -en

11 vor, vor, nach, um, von, an, für, nach, Auf

12 um, mit, von

13 auf, über, von

14 gegen, um, mit, für

15 a) von -em -en, für -en -en -en, an die
b) Worum, von, mit
c) von -em, darüber, auf die
d) Bei der, über -e
e) gegen die, mit, für den, um das
f) zu, von der -en

16 davon, für, darüber, mit, davon, darauf, zu, Davon, daran, auf

17 über, von, mit

18 a) an, unter den -en
b) dazu, dazu, damit
c) bei -em, -er, zum
d) für -e, an
e) mit, über –, vom
f) gegen die -en, danach

19 an, nach, von, darauf, danach, zu, darunter, damit, an, dafür, nach, danach

20 von, über, zu

21 über, mit

22 an, von, über

23 a) dazu, davon / darüber, über – -es
b) über die -e, über – -es, über -e, darüber, mit -er
c) mit der, um die -e, mit -em
d) an -e, von -em -en / über -en -en, darüber
e) dafür, dagegen
f) um, auf
g) auf, um

24 um, mit, gegen

25 von, für, gegen, mit, über

26 mit, über, um

27 a) um -e, für
b) um den, gegen die, mit
c) mit -em, über die, dagegen, über die -en / von den -en, dafür, Davon
d) auf, um
e) um, auf
f) für die, dagegen
g) um den, mit, über -es

28 gegen, mit, für, gegen, vor, mit, darüber, an, über, auf, über, dafür, dagegen, nach, für, vor, mit, mit, nach

29 a) mit -en, gegen -e
b) gegen -e -en, für -e
c) mit -em -en, dabei
d) ins, aus der -en, in -e
e) mit -em, über die
f) in, über die
g) zwischen, von -en -en, dadurch
h) nach -en -en, über -e

30 1A, 2C, 3B, 4B, 5C, 6A, 7B

31 zu, als, für

32 a) mit, zum
b) mit -en, über die
c) mit -em -en, unter, auf -e, von / vom
d) dazu, zum, für die / eine, als
e) auf den, Für die

33 auf, auf, mit, über, mit, mit, Für, mit, mit, an, mit, von, an, in, gegen, vor, mit, gegen

34 a) um das, Für – -es
b) aus, zu -en -en
c) von dem / einem, über den / von dem
d) darüber, um
e) auf, zu -en -en

35 auf, Worüber, mit, davor, von, damit, Aus, zur, auf, Gegen, über, für, auf

36 **bei** sich erkundigen, sich bedanken, sich bewerben, sich beklagen, anrufen, (sich) melden, helfen, (sich) anmelden, sich informieren
mit vereinbaren, verwechseln, konfrontieren, bekannt machen, drohen, auskommen, telefonieren, sich befassen

37 1C, 2C, 3A, 4B, 5B, 6A, 7A, 8B, 9C

38 gerechnet, identifiziert, gekämpft, verbunden, beschäftigt, verwechseln, konkurrieren, weitermachen, begonnen, diskutierte, auseinandergesetzt, verlobt, überrascht, angefreundet, verhandelt, einigen, fortfahren, verstehen, auskommen, übereinstimmen

39 **aus** sich zusammensetzen, stammen, schlussfolgern, sich ergeben, übersetzen
von abstammen, sprechen, träumen, abraten, erwarten, sich unterscheiden, sich distanzieren

40 arbeite, ausgezogen, besteht, wird, sehe … an, benutzen

41 ernährt, abstammen, träumen, überzeugt, erwartet, erfahren, erzählen, ausruht, entfernt, hängt … ab, lenken … ab, befreien, grüßen, Schreibt … ab, verabschieden, erholt

42 **nach** suchen, aussehen, streben, sich richten, sich erkundigen
zu veranlassen, wählen, gehören, sich verabreden, führen, überreden, (sich) anmelden, neigen, benötigen

43 richtet, fragt, stinkt / riecht, schmecken, greift / sucht, erkundigt, siehst … aus, sehnt, duftet, sucht

44 1C, 2A, 3B, 4A, 5A, 6C, 7A, 8B, 9A, 10B, 11B, 12A, 13A, 14C, 15C, 16C, 17A, 18C, 19B, 20A

45 **zu** sich eignen, werden, überreden, zählen, brauchen, veranlassen, verurteilen, gratulieren, auffordern, gelangen
in geraten, sich verlieben, eingreifen, teilen, einsteigen, einziehen, sich einmischen, unterrichten, übersetzen

46 verstoßen, treten … ein, eingreifen, unternehmen, demonstrieren, steigt … ein, einzuziehen, einzumischen, getan, richtet, protestieren, verteidigen, geraten

47 **um** sich schlagen, sinken, sich drehen, sich bewerben, sich sorgen, sich bemühen, (sich) streiten, sich kümmern
für sich bedanken, (sich) begeistern, demonstrieren, sich einsetzen, sorgen, danken, (sich) halten, sich engagieren

48 dreht, schlugen / stritten, beneiden, gestiegen, geht, spielt, bittet, kümmert, geweint, getrauert, werben, sorgen / kümmern

49 1C, 2A, 3B, 4A, 5C, 6A, 7A, 8B, 9A, 10C

50 **über** lachen, verfügen, herrschen, sich wundern, nachdenken, denken
auf bestehen, (sich) beziehen, sich verlassen, hinweisen, (sich) konzentrieren, eingehen, basieren, verzichten

51 1B, 2A, 3A, 4C, 5A, 6B, 7B

52 denkt … nach, gehört, wundert, beklagen, aufgeregt, verfügen, wissen, informieren, urteilen, klärt … auf, erschrickt, freut, weinen

53 **vor** flüchten, sich fürchten, warnen, (sich) retten, sich schämen, beschützen, (sich) erschrecken, (sich) verstecken
von fordern, kommen, (sich) befreien, sich distanzieren, ablenken, erwarten, sich erholen, leben, grüßen

54 fürchtet, leidet, versteckte, schämte, ängstigte, retten, gewarnt, fliehen, erschrak

55 **an** (sich) anpassen, sich orientieren, teilnehmen, grenzen, hindern, erkennen, (sich) ändern, sich halten
auf achten, aufpassen, hinweisen, wirken, sich spezialisieren, sich auswirken, bestehen, basieren, (sich) konzentrieren, eingehen

56 **an + D** sterben, fehlen, liegen, sich rächen, scheitern, erkennen, teilnehmen an + A (sich) anpassen, grenzen, vermieten, glauben, (sich) erinnern, senden, sich wenden, (sich) gewöhnen, denken

57 arbeitet, hält, wendet, fehlt, schrieb, teilnehmen, zweifelte, erinnern, lag, hinderte, beteiligt, gewöhnt, leidet, verloren, gewonnen, denkt, scheitern

58 mit — sich unterhalten, diskutieren, sprechen, meinen, reden
über / von — berichten, erzählen, reden, sagen, sprechen
über — sich unterhalten, (sich) äußern, diskutieren, schweigen, referieren
zu — (sich) äußern, meinen, sagen

59 1. b) 2. a) 3. c)
a) riecht nach b) duftet … danach
c) nach … stinkt

60 1. g) 2. c) 3. h) 4. d) 5. b) 6. e) 7. i)
8. a) 9. f)

61 Lösungsvorschlag:
2. Oft sind Kinder nicht tolerant und schließen andere Kinder aus ihrer Gemeinschaft aus.
3. Wir benötigen für die / diese Suppe viele Zutaten.
4. Saurer Regen besteht aus Schwefeldioxid und Regenwasser.
5. Man kann dieses kleine Täschchen auch als Federmäppchen verwenden.
6. Von der Akropolis aus hat man eine tolle Aussicht. Man kann auf die ganze Stadt sehen.
7. Diese Gesichtscreme dient gleichzeitig als Sonnenschutzcreme.
8. Wo können wir etwas über die Geschichte dieser Stadt erfahren?
9. Hiermit senden wir die Rechnung für die Reparatur an Ihre Adresse.
10. Leider ist der Verkauf von Zeitschriften an Kiosken in den letzten Jahren um 10 % gesunken.
11. Was spricht eigentlich dafür / dagegen, dass wir den / unseren Urlaub am Mittelmeer verbringen?
12. Die Katzenmutter beschützt ihre Jungen vor den vielen Gefahren, da sie noch hilflos sind.
13. Dieser Politiker verspricht, etwas an den bestehenden Zuständen zu ändern.

62 a) fürchten sich vor
b) freut sich … darüber
c) lachen … über
d) bei … überrascht
e) sich … in … verliebt

63 Individuelle Lösung

64 1B, 2A, 3C

65 Individuelle Lösung

66 1. f) 2. d) 3. h) 4. a) 5. b) 6. c) 7. e)
8. g)

67 a) ärgert sich darüber
b) erschrickt … vor
c) leidet … an
d) schimpft mit
e) um … getrauert
f) wundert sich darüber
g) sich … für … begeistern

68 Individuelle Lösung

69 1B, 2B, 3C, 4B

70 Lösungsvorschlag:
2. Frau Andrä möchte ihren Sohn Maximilian zu einem freien Menschen erziehen.
3. An die Kinderfrau stellt sie hohe Ansprüche, weil sie von der Theorie von Summerhill überzeugt ist.
4. Sie geht davon aus, dass auch die Kinderfrau mit ihr übereinstimmt.
5. Endlich findet sie eine passende Person, jedoch ängstigt sich Maximilian am Anfang vor ihr.
6. Er greift nach der Hand der Mutter und versteckt sich vor der Kinderfrau.
7. Dieses Verhalten hängt damit zusammen, dass das Kind bis jetzt nur mit der Mutter zusammen war.
8. Mit der Zeit gewöhnt sich Maximilian an die Kinderfrau.
9. Mittlerweile versteht er sich mit der Kinderfrau und (er) spielt gern mit ihr zusammen.
10. Seitdem die Kinderfrau kommt, erkrankt Maximilian selten an Grippe.
11. Das Kind fühlt sich bei der Kinderfrau wohl und daraus folgt, dass Frau Andrä die richtige Entscheidung getroffen hat.

71 Individuelle Lösung

72 1. c) 2. f) 3. e) 4. h) 5. d) 6. b) 7. g)
8. a)

73 1. e) B 2. i) E 3. h) D 4. a) A 5. f) C
6. j) B 7. g) E 8. b) E 9. c) E 10. d) E

74 Individuelle Lösung

75 Lösungsvorschlag:
b) Frau Rumpf bewirbt sich zum ersten Mal bei der Firma „Zeka“ um eine Stelle.

c) Vor zwei Jahren kam es in Deutschland zu zahlreichen Delikten, die von Jugendlichen begangen wurden. Letztes Jahr erhöhten sich die Delikte um 20%.
d) Mein Ehemann und ich haben uns gegen Kinder entschieden, denn wir wollen mehr Zeit füreinander haben.
e) Auf dem Deutschlehrerkongress referier(t)en bekannte Professorinnen und Professoren aus Deutschland über interessante Themen.
f) Ich habe lange über den Vorfall geschwiegen, aber gestern habe ich die Wahrheit gesagt.
g) Die Sekretärin hat das Paket an die falsche Adresse gesendet, deshalb ist es zurückgekommen.
h) Die Sparzinsen sind von 1,5% auf 0,5%, also um 1% gesunken.
i) Der Schwimmer steigerte sich durch hartes Training um 0,5 Sekunden und konnte an den Olympischen Spielen teilnehmen.
j) Mein kleiner Sohn ist krank, darum melde ich ihn zur Untersuchung beim Kinderarzt an.
k) Die meisten Menschen benötigen für die Einreise in die Vereinigten Staaten von Amerika ein Visum.
l) Unser Fernseher stammt aus den 80er Jahren, deshalb ersetzen wir ihn endlich durch einen neuen Apparat.
m) Sophie spezialisiert sich nach dem Medizinstudium auf Chirurgie.
n) Bei „Bauhoch" wird eine Woche lang gegen die Beschlüsse der Arbeitgeber gestreikt.
o) Der Verkehrsunfall hängt damit zusammen, dass die zwei Autos zu schnell gefahren sind.
p) Jessica fällt allen Leuten durch ihre/die roten Haare und die supermoderne Kleidung auf.

76 a) regt sich über … auf
b) beneiden … um
c) leide … unter
d) rächt sich an
e) schämt sich vor
f) sehnt sich nach
g) staunen darüber

77 1. davon g), 2. davon e), 3. darauf a), 4. darauf d), 5. daran f), 6. davon c), 7. darauf b)

78 Individuelle Lösung

79 1A, 2A, 3B, 4B, 5B

80 a) um … kümmern, dafür sorgen, um … sorgen
b) 1. um … kümmern
2. sorgt dafür
3. mit … versorgt
4. sorgen … um
5. um … kümmern
6. sorgt … für

81 a) daran gedacht / darüber nachgedacht, denkst … darüber, erinnere … daran, denke … an, darüber nachdenke / daran denke, daran denken, daran erinnern
b) 1. b, 2. a, 3. c, 4. c

82 bei … darüber beklagt, klagte … über, bei ... darüber beschweren

83 über … schimpfen, stritt … mit … darüber, mit … schimpften, um … stritten

84 bei … angerufen, telefoniert … mit

85 zu -em … auffordern, riet … dazu, davon abraten

86 a) bei … für … eingesetzt, dafür eingetreten, spricht … für
b) 1. a, 2. a, 3. b
c) 1. d, 2. c, 3. b, 4. a

87 a) litt … an, darunter litt, erkrankte … an, starb … an
b) 1. b, 2. a

88 mit … zum … verabredet, trifft … mit

89 dazu entschlossen, für … entscheiden, gegen … entschieden

90 waren … gegen, war dafür, stimmte für, stimmten dagegen

91 wundere … darüber, darüber gestaunt

92 mit … auseinandergesetzt, auf … eingegangen, damit beschäftigen / befassen

93 über … erzählt, darüber diskutiert, unterhielten … darüber

94 a) dreht sich … um
b) handelt von
c) handelt … sich … um
d) geht … um

95 wirkt(e) … auf, auf … ausgewirkt

96 a) auf … achten, auf … aufpasst
b) 1. a, 2. b

97 an … beteiligen, dazu beitragen, bei … mitzumachen, nehme … an … teil / mache … bei … mit

98 a) stammt aus, von … abstammen / aus … stammen, stammt … aus, kommt davon
b) 1. b, 2. a
c) 1. c, 2. d, 3. b, 4. a

99 a) als … angesehen / für … gehalten, hält … von, gilt … als, halten … für
b) 1. b, 2. a, 3. b

100 in … eingreifen, in … einmischen

101 zu … passen, an … an … anpassen, auf … aufpasst

102 a) hat … auf / um … erhöht
b) ist … auf … gestiegen
c) hat … auf … gesteigert
d) ist um … gestiegen / hat um … zugenommen
e) haben … um … erhöht
f) hat … um … gesteigert
g) ist … um … gestiegen
h) sind … um … gestiegen / wurden … um … erhöht
i) hat … um … erhöht
j) ist um … erhöht
k) hat … auf … erhöht
l) ist … um … gestiegen

103 a) ist … um … gesunken / hat … um … abgenommen
b) hat … um … gesenkt
c) um … gesenkt
d) ist … um … gesunken
e) ist auf … gesunken
f) um … senken

104 befasst, steigt, zunehmen, steigen, sinken, abnehmen, beruht, orientiert, liegt, entscheiden, folgt

105 a) um, über, über, über, daran, von, an, für, dazu, zu, für, zu, als, daran
b) zu, bei, über, von, über, in, aus, auf
c) zu, von, zu, darauf, von, zu, an, davon, von, darüber, für, auf, damit

106 über … herrschte, lebte … von, für … streiken, vor … flüchten, traf … mit, dazu rieten, für … benötigte, dafür … zahlen, damit gerechnet, rief nach, schlug … mit, siegte … über, verteilte … an, schickte an, vor … fürchten, vor … beschützen, teilte … in, über … berichten

107 berichtet, danach, darauf, ernähre, auf, auf, darauf, halte, über, für, weiß, dazu, erkrankte, äußern, darüber

108 von, geschickt / gesandt, als, beworben, eingeladen, Von, zu, darauf, von, freuen

109 in, dafür, zur, an, an, darüber, über, darüber, worauf, nach, danach, Darüber, Aus, für

110 aus, auf, auf, darauf, unter, von, um, dadurch, durch, durch, für, als, mit, von, mit, mit, damit, an, mit, auf, vor, dazu

Bildquellen

Seite 21: © Luriko Yamaguchi / Pexels
Seite 29: © Pexels / Pixabay
Seite 52: © Freepik.com
Seite 53: © domeckopol / Pixabay
Seite 62: © Robert Jones / Pixabay
Seite 83: © Ilona Krijgsman / Pixabay
Seite 104: © flyupmike / Pixabay
Seite 109: © Vladan Rajkovic / Pixabay
Seite 110: © Bru-nO / Pixabay
Seite 111: © Jochen Pippir / Pixabay